sauvons
les éléphants

Eléphant femelle d'Afrique

POLSKA 7 ZŁ 10

Timbre polonais représentant un mammouth

Eléphant femelle d'Asie

Pot à bec verseur, de Thaïlande

Jade sculpté, chinois, de l'époque Ming

Bois sculpté représentant un éléphant tenant un bourgeon de lotus

sauvons
les éléphants

Bougeoirs
anglais…

… de l'époque
Régence

par

Ian Redmond

Photographies originales de Dave King

GALLIMARD

Poids en bronze représentant des éléphants

Eléphant
d'Asie

Eléphant
d'Afrique

Comité éditorial

Londres :

Louise Barratt, Julia Harris,
Sarah Moule, Helen Parker et Christine Webb

Paris :

Christine Baker, Françoise Favez,
Manne Héron et Jacques Marziou

Edition française préparée par
Bruno Porlier

Conseiller : Pierre Pfeffer,
directeur de recherche au CNRS,
attaché au laboratoire des Mammifères et Oiseaux
du Musée national d'histoire naturelle, Paris

Publié sous la direction de

Peter Kindersley,
Jean-Olivier Héron
et
Pierre Marchand

Sonnette de table
du XIXe siècle

Pique-épingles
en argent

Sculpture balinaise
en bois de palmier

Molaire
d'éléphant
d'Asie

ISBN 2-07-056846-6
La conception de cette collection est le fruit
d'une collaboration entre les Editions Gallimard
et Dorling Kindersley.
© Dorling Kindersley Limited, Londres, 1992
© Editions Gallimard, Paris, 1992, pour l'édition française
Dépôt légal : février 1993. N° d'édition : 57097
Imprimé à Singapour

SOMMAIRE

Eléphant en argent
martelé, du Cambodge

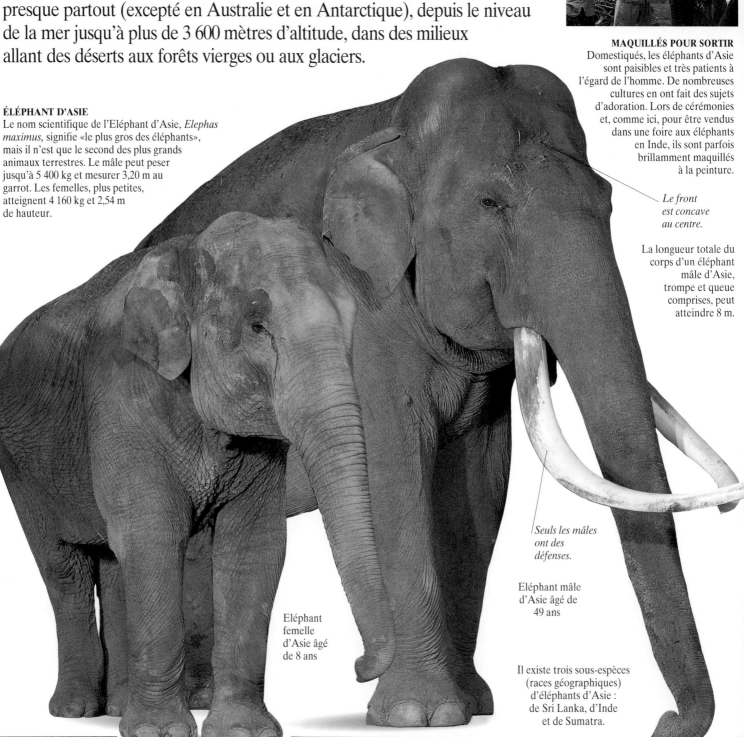

QU'EST-CE QU'UN ÉLÉPHANT ?

Chef-d'œuvre de la nature, habile ingénieur pour les uns, destructeur de récoltes, malin ou grand gibier pour les autres, l'éléphant est le plus gros et le plus lourd des animaux terrestres vivant actuellement, et le plus intelligent des animaux domestiqués. Son nez, sa durée de gestation (p. 36), ses défenses – et peut-être même sa mémoire – ont en commun d'être les plus longs de tout le règne animal. Les éléphants, et leurs cousins aujourd'hui éteints, ont vécu presque partout (excepté en Australie et en Antarctique), depuis le niveau de la mer jusqu'à plus de 3 600 mètres d'altitude, dans des milieux allant des déserts aux forêts vierges ou aux glaciers.

Les illustrateurs du XVIᵉ siècle, qui n'avaient certainement jamais vu d'éléphants, les représentaient comme des monstres caparaçonnés.

MAQUILLÉS POUR SORTIR
Domestiqués, les éléphants d'Asie sont paisibles et très patients à l'égard de l'homme. De nombreuses cultures en ont fait des sujets d'adoration. Lors de cérémonies et, comme ici, pour être vendus dans une foire aux éléphants en Inde, ils sont parfois brillamment maquillés à la peinture.

ÉLÉPHANT D'ASIE
Le nom scientifique de l'Eléphant d'Asie, *Elephas maximus,* signifie «le plus gros des éléphants», mais il n'est que le second des plus grands animaux terrestres. Le mâle peut peser jusqu'à 5 400 kg et mesurer 3,20 m au garrot. Les femelles, plus petites, atteignent 4 160 kg et 2,54 m de hauteur.

Le front est concave au centre.

La longueur totale du corps d'un éléphant mâle d'Asie, trompe et queue comprises, peut atteindre 8 m.

Seuls les mâles ont des défenses.

Eléphant mâle d'Asie âgé de 49 ans

Eléphant femelle d'Asie âgé de 8 ans

Il existe trois sous-espèces (races géographiques) d'éléphants d'Asie : de Sri Lanka, d'Inde et de Sumatra.

Depuis le bout de sa trompe jusqu'au bout de sa queue, un éléphant mâle d'Afrique peut atteindre 9 m de long.

Les éléphants d'Afrique ont des oreilles plus grandes que ceux d'Asie.

LABOUREURS

En 1899, le roi de Belgique fonda un centre de domestication des éléphants au Congo belge (Zaïre actuel). Il voulait les utiliser pour développer le centre de l'Afrique. Des éléphants de forêt furent capturés et employés comme bêtes de somme (pp. 44-45). L'idée ne fut pas reprise dans le reste de l'Afrique.

ÉLÉPHANT D'AFRIQUE

L'éléphant d'Afrique, *Loxodonta africana*, est la plus grosse espèce animale vivant aujourd'hui. *Loxodonta* signifie «dents en losange» par référence à la forme des crêtes des molaires de l'animal (pp. 22-23). Un mâle adulte peut peser jusqu'à 6 048 kg et mesurer 4,01 m au garrot. Les femelles sont plus petites, atteignant 3 232 kg et 2,6 m au garrot. Il existe deux sous-espèces d'éléphants d'Afrique : cet adulte est un éléphant de savane, *Loxodonta africana africana*.

SOCIÉTÉS MATRIARCALES

Chez les éléphants, mâles et femelles ne se mélangent pas en troupeaux familiaux. Les mâles vivent le plus souvent solitaires ou en compagnie d'autres mâles (pp. 32-33), tandis que les femelles et les jeunes vivent normalement en troupeaux dirigés par une vieille femelle, vraisemblablement une grand-mère ou une arrière-grand-mère.

L'autre sous-espèce d'Afrique est l'éléphant de forêt, *Loxodonta africana cyclotis* (qui signifie «oreille arrondie»), vivant en Afrique centrale et de l'Ouest. Il est moins grand que la variété de savane, a des défenses brunâtres pointant vers le bas et des oreilles plus petites, arrondies.

À L'OMBRE DE SON ARBRE GÉNÉALOGIQUE

Les deux espèces d'éléphants vivant de nos jours sont les derniers représentants de la famille zoologique des Éléphantidés, ou vrais éléphants, qui comprenait au moins vingt-six espèces, elles-mêmes rattachées à un groupe plus vaste d'environ trois cent trente espèces, l'ordre des Proboscidiens («animaux à trompe»).

À partir des fossiles, on ne peut qu'émettre des hypothèses sur la couleur de la peau ou l'épaisseur de la fourrure des espèces disparues. Même la longueur de leur trompe ou la taille de leurs oreilles sont sujettes à caution, car, généralement, seules les parties dures du corps d'un animal peuvent se fossiliser.

Les tissus mous comme la peau, les muscles ou les organes, disparaissent. En comparant attentivement la forme des dents, des crânes et d'autres os, les paléontologistes (scientifiques qui étudient les fossiles) ont toutefois pu reconstituer de nombreux genres éteints. En voici quelques-uns.

Certains Proboscidiens disparus ont été représentés sur des timbres, comme ce *Deinotherium gigantissimum.*

Ses défenses courbées en arrière sont un cas unique et lui servaient à déterrer des racines.

«DEINOTHERIUM»
Deinotherium a vécu 20 millions d'années environ et s'est éteint il y a seulement 2 millions d'années. Bien qu'il ressemble à un éléphant, ses dents broyeuses sont si différentes que certains scientifiques hésitent à le classer dans l'ordre des Proboscidiens.

Trompe courte

«PHIOMIA»
Phiomia a vécu en Afrique il y a environ 35 millions d'années. Il mesurait moins de 2 m de haut et, parmi ses caractéristiques éléphantines, on trouvait des défenses sur les deux mâchoires et un crâne élargi avec des cavités remplies d'air pour l'alléger. Depuis l'Afrique, ses cousins se sont répandus dans la majeure partie du monde.

Yeux en avant du crâne, contrairement aux éléphants

Pas de trompe mais un nez assez long et flexible

«MOERITHERIUM»
De la taille d'un cochon, *Moeritherium* vivait il y a 40 à 45 millions d'années dans et près des lacs, se nourrissant de plantes aquatiques. Il ne ressemble guère à un éléphant, mais ses incisives élargies, quelques cavités de son crâne et ses pattes éléphantines incitent les scientifiques à considérer qu'il représente une branche primitive de la famille.

On trouve les fossiles de *Moeritherium* en Egypte et autour du Sahara, en Afrique du Nord.

Incisives supérieures poussant en défenses

Mâchoire inférieure allongée de sorte que ses courtes défenses atteignent le même point que les supérieures.

Timbre mongol représentant *Gomphotherium*

« GOMPHOTHERIUM »

Il atteignait 3 m de haut et vivait il y a 20 millions d'années environ. Il avait un crâne allongé, des défenses sur les deux mâchoires. Il appartenait à la famille qui évolua vers les «dents en pelles», chez lesquels la paire de défenses inférieures s'élargit et s'aplatit comme une pelle. On le représente le plus souvent avec une trompe bien développée mais certains scientifiques contestent ce point, car, pourvu de longues mâchoires, il n'avait pas besoin de trompe pour se nourrir.

«MAMMUTHUS IMPERATOR»

Le mammouth impérial est le plus grand des sept espèces de mammouths connues. Il disparut il y a un peu plus de 10 000 ans. Ses restes ont été trouvés en Amérique du Nord, depuis le Texas jusqu'à l'Alaska. Avec ses 4,20 m de haut et ses splendides défenses recourbées, il en imposait lorsqu'il arpentait les prairies.

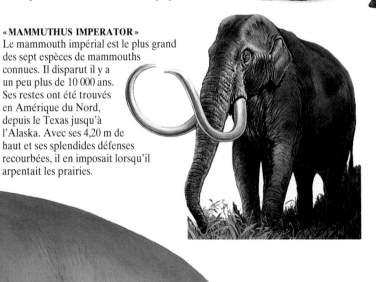

Les poils de ces animaux ne sont pas représentés, car ce ne serait que pure hypothèse.

Petites oreilles indiquant qu'il vivait en forêt, mais nous ne sommes pas sûrs de leur taille exacte.

«STEGODON GANESA»

C'est le plus spectaculaire du genre *Stegodon*, proche mais distinct des véritables éléphants. Son caractère le plus inhabituel réside dans ses deux défenses parallèles et si rapprochées que la trompe ne pouvait s'y intercaler. Cette espèce, qui tire son nom du dieu hindou Ganesha (pp. 48-49), fut découverte en Inde où elle s'éteignit il y a environ 1 million d'années.

On suppose que la trompe de Stegodon n'atteignait la bouche qu'en contournant les défenses par le côté.

Robuste patte éléphantine

«ELEPHAS MAXIMUS»

L'éléphant d'Asie nous fournit des indices sur le comportement et l'aspect de ses ancêtres et cousins disparus. En comparant la forme des sites d'attache des muscles sur leurs os à ceux d'une espèce existante, on peut estimer l'allure probable de ces espèces éteintes. Mais du seul crâne d'un éléphant d'Afrique, comment les scientifiques pourraient-ils déduire l'énorme taille de leurs oreilles ?

Il y a plus de 15 000 ans, les chasseurs de l'âge de pierre peignaient sur les murs des grottes les animaux qu'ils chassaient et, parmi eux, des mammouths.

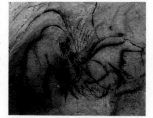

Peinture préhistorique dans une grotte en France

MAMMOUTHS, MASTODONTES, ANCÊTRES PÉTRIFIÉS

En 1799, un pêcheur sibérien aperçut dans un mur de glace, sur les bords de la rivière Lena, la silhouette d'un énorme mammouth velu qui semblait l'observer. Il s'enfuit d'abord terrorisé puis revint sur les lieux pour couper les défenses dans le but de les vendre. Bien qu'il soit rare de découvrir ainsi les restes d'un mammouth complet, on retrouve souvent leurs défenses sur les berges érodées des rivières. L'ivoire est encore exporté de Sibérie de nos jours. Parmi les cousins éteints de nos éléphants, les mammouths laineux sont les plus connus, mais à la fin de la période glaciaire, les hommes préhistoriques côtoyèrent également d'autres espèces. Dans les forêts de l'est de l'Amérique du Nord, les mastodontes n'étaient pas moins communs. Eux aussi possédaient une toison velue. Mais, tandis que les mammouths se nourrissaient d'herbe, eux broutaient les tiges et les feuilles des arbres. De nombreux scientifiques expliquent leur disparition, il y a dix mille ans, par les changements de climat, associés à une chasse outrancière.

PATTES VELUES
Il est très rare de pouvoir observer les poils, la peau et les muscles de créatures disparues de longue date, car seuls les os se fossilisent. Mais en Sibérie, lorsque le dégel exhume du permafrost (sol gelé en permanence) des mammouths congelés, on découvre, comme sur cette patte, leur robe velue et leurs ongles longs.

LES PLUS GRANDES DENTS DU MONDE
Il avait des défenses beaucoup plus recourbées que celles de nos éléphants actuels. Ce sont les plus grandes dents de toute la création, certaines pouvant atteindre 5 m. C'est un exemple d'évolution vers le gigantisme, comme on en retrouve chez de nombreuses espèces éteintes.

Corps aplati par le poids de la terre gelée et de la neige

TRAVAIL DE MAMMOUTH
Le premier mammouth complet étudié par les scientifiques fut retrouvé en 1900 près de la rivière Berezovka, en Sibérie. Un toit fut construit par-dessus la carcasse décongelée, durant la dissection.

SURPRIS PAR LE GEL
Sans doute ce bébé mammouth mourut-il, il y a 40 000 ans, dans un marais sibérien qui gelait. En 1977, son corps congelé fut retrouvé par des scientifiques qui le surnommèrent Dima. L'un d'eux tenta d'utiliser les gènes de cellules prélevées sur ses organes les mieux préservés, pour fabriquer un bébé-éprouvette. Son projet consistait à implanter l'embryon dans une femelle d'éléphant d'Asie qui aurait ensuite mis au monde un bébé mammouth bien vivant. Malheureusement, ce fut un échec.

SEMBLABLES MAIS DIFFÉRENTS
Bien que proches des mammouths, les mastodontes étaient plus trapus qu'eux et n'avaient pas le dos oblique. Certains avaient deux petites défenses à la mâchoire inférieure, en plus des grosses supérieures.

Les petites oreilles permettaient de réduire les pertes de chaleur.

ASCENDANTS D'AÏEUX
En évoluant, les mammouths se sont adaptés au froid du Nord, mais leurs ancêtres avaient vu le jour au Moyen-Orient, 50 millions d'années plus tôt.

Timbre de Manama, au Moyen-Orient, représentant un ancêtre des mammouths.

ARMES D'IVOIRE
Durant l'âge de pierre, l'ivoire servait à fabriquer des ustensiles pour préparer la nourriture, des outils et des armes. Ce reste de boomerang en ivoire de mammouth fut retrouvé en Pologne et date de 23 000 ans. Les stries de croissance se présentent comme des cônes empilés sur toute la longueur de la défense.

Leur longue fourrure laineuse les protégeait du gel.

Reconstitution d'une femelle mammouth adulte et de son petit.

AUJOURD'HUI, COUSINS SANS LE SAVOIR

Pour déterminer les ordres de mammifères les plus proches des éléphants, la zoologie traditionnelle compare la forme des os des espèces actuelles et de leurs ancêtres fossiles. On remonte ainsi les branches jusqu'à la rencontre d'un fossile qui pourrait être leur ancêtre commun. Une nouvelle technique a permis de confirmer, ou d'infirmer, les conclusions traditionnelles : les scientifiques analysent les molécules qui constituent les corps des animaux. Si elles sont très similaires, les animaux dont elles proviennent doivent être parents. Cette étude des constituants sanguins a prouvé que trois groupes de mammifères très différents – les éléphants, les damans et les siréniens – sont parents. Leur ancêtre commun a vécu il y a 55 millions d'années environ. L'oryctérope représente probablement le groupe suivant le plus proche, qui s'est différencié un peu plus tôt.

MONSTRE HYBRIDE
Cet «éléphant de mer» du XVIe siècle semble tenir à la fois du phoque du même nom, d'un dugong et d'un morse à la tête à l'envers. Bien que d'allure mythique, il a sans doute été dessiné d'après l'observation à distance d'un animal réel.

Les yeux ont une troisième paupière, la membrane nictitante, qui agit sous l'eau comme des lunettes de plongée.

Lèvre supérieure préhensile, ou mobile, pouvant attraper l'herbe qu'il broute.

Pas d'ongles sur les nageoires antérieures

VACHE DE MER
Les siréniens sont les seuls mammifères marins à se nourrir uniquement de plantes. La plupart du temps, les dugongs broutent les herbes marines dans les eaux peu profondes ; d'où leur surnom de vaches de mer. La forme de leur lèvre supérieure et leur queue fourchue, analogue à celle des baleines, les différencient des lamantins. Ils vivent autour des îles et dans les eaux côtières, dans le sud-ouest du Pacifique, de Formose à l'Australie.

QUEUE ARRONDIE
Il existe trois espèces de lamantins, l'une en Afrique de l'Ouest, l'autre dans les Caraïbes, la troisième essentiellement dans l'Amazone et l'Orénoque en Amérique du Sud. Ils vivent aussi bien en mer qu'en eau douce. Ils atteignent 4,6 m de long et pèsent jusqu'à 1 600 kg.

RÊVE DE MARIN
On dit que les lamantins ont été à l'origine de la légende des sirènes, quand des marins les virent émerger pour la première fois.

12

De longs poils dans la fourrure, appelés vibrisses, sont sensibles au toucher, comme les moustaches d'un chat.

Daman des rochers

Oreille arrondie, recouverte de fourrure

HURLEURS À LA LUNE
Par les nuits de lune, dans les forêts d'Afrique, des cris étranges brisent le silence. Peu de visiteurs savent que tous ces bruits inquiétants sont le fait d'un petit animal inoffensif : le daman des arbres. Et qui se douterait, en l'apercevant, que c'est l'un des plus proches cousins vivants des éléphants?

DAMAN DES ROCHERS
Il existe plusieurs espèces de damans, difficiles à différencier. Le daman des arbres s'observe généralement dans les arbres et le daman des rochers dans les rochers... mais pas toujours ! De la taille d'un lapin, ils ressemblent à des cochons d'Inde aux oreilles arrondies et poilues. Une touffe de poils pâles au milieu du dos entoure une glande odorante unique en son genre, qui se dresse quand le daman est excité ou effrayé. Comme les éléphants, les damans marchent sur l'extrémité de leurs doigts, ils sont végétariens et leurs longues incisives poussent toute leur vie.

Les dugongs atteignent 4 m de longueur et pèsent jusqu'à 900 kg.

Ses grandes oreilles lui permettent de détecter fourmis et termites.

TYPIQUE ORYCTÉROPE
Bien différent des autres animaux, l'oryctérope fait partie des Tubulidentés, le seul ordre de mammifères comportant une seule espèce. Ce nom se réfère à ses dents très particulières, chacune étant composée de 1 000 à 1 500 minuscules tubes constitués d'une substance appelée dentine. Ses fortes griffes creusent le sol et sa langue collante de 30 cm attrape termites et fourmis.

Eléphant de mer du Nord criant sur la plage de Baja, en Californie.

NEZ D'ÉLÉPHANT
Beaucoup d'animaux à long nez portent un nom se référant aux éléphants. L'éléphant de mer mâle possède un gros nez souple qu'il gonfle lors des parades nuptiales. Chez la musaraigne-éléphant, mâle et femelle se servent de leur nez pointu et mobile pour retourner les feuilles à la recherche d'insectes à manger.

Musaraigne-éléphant d'Afrique

LES ÉLÉPHANTS SONT BÂTIS COMME DES PONTS

Le squelette d'un éléphant est bâti comme un pont : des piliers à chaque extrémité, les pattes, qui sont réunis par une arche, la colonne vertébrale. Celle-ci supporte les vingt paires de côtes, les muscles et tous les organes internes. L'ensemble étant très lourd, les os des membres sont massifs pour résister au poids. De plus, emboîtés les uns au-dessus des autres, ils forment de robustes poteaux grâce auxquels l'éléphant peut se reposer et même s'endormir debout, sans tomber ! La colonne vertébrale des deux espèces d'éléphants est en courbe convexe, comme l'arche du pont. Pourtant, vu de côté, un éléphant d'Afrique présente une dépression concave sur le dos. En fait, sa silhouette est déterminée par le sommet des apophyses vertébrales, sortes d'épines osseuses qui émergent de chaque vertèbre.

CRÂNE ARRONDI
Le sommet du crâne d'un éléphant d'Asie présente deux dômes. Chez les mâles, comme ici, la mâchoire supérieure se projette plus en avant, car elle contient les racines des défenses.

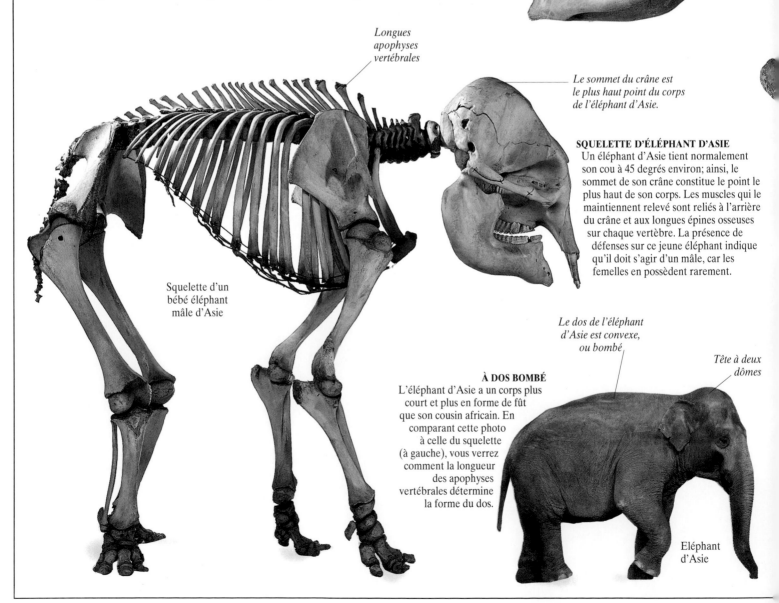

Longues apophyses vertébrales

Le sommet du crâne est le plus haut point du corps de l'éléphant d'Asie.

SQUELETTE D'ÉLÉPHANT D'ASIE
Un éléphant d'Asie tient normalement son cou à 45 degrés environ; ainsi, le sommet de son crâne constitue le point le plus haut de son corps. Les muscles qui le maintiennent relevé sont reliés à l'arrière du crâne et aux longues épines osseuses sur chaque vertèbre. La présence de défenses sur ce jeune éléphant indique qu'il doit s'agir d'un mâle, car les femelles en possèdent rarement.

Squelette d'un bébé éléphant mâle d'Asie

Le dos de l'éléphant d'Asie est convexe, ou bombé

Tête à deux dômes

À DOS BOMBÉ
L'éléphant d'Asie a un corps plus court et plus en forme de fût que son cousin africain. En comparant cette photo à celle du squelette (à gauche), vous verrez comment la longueur des apophyses vertébrales détermine la forme du dos.

Eléphant d'Asie

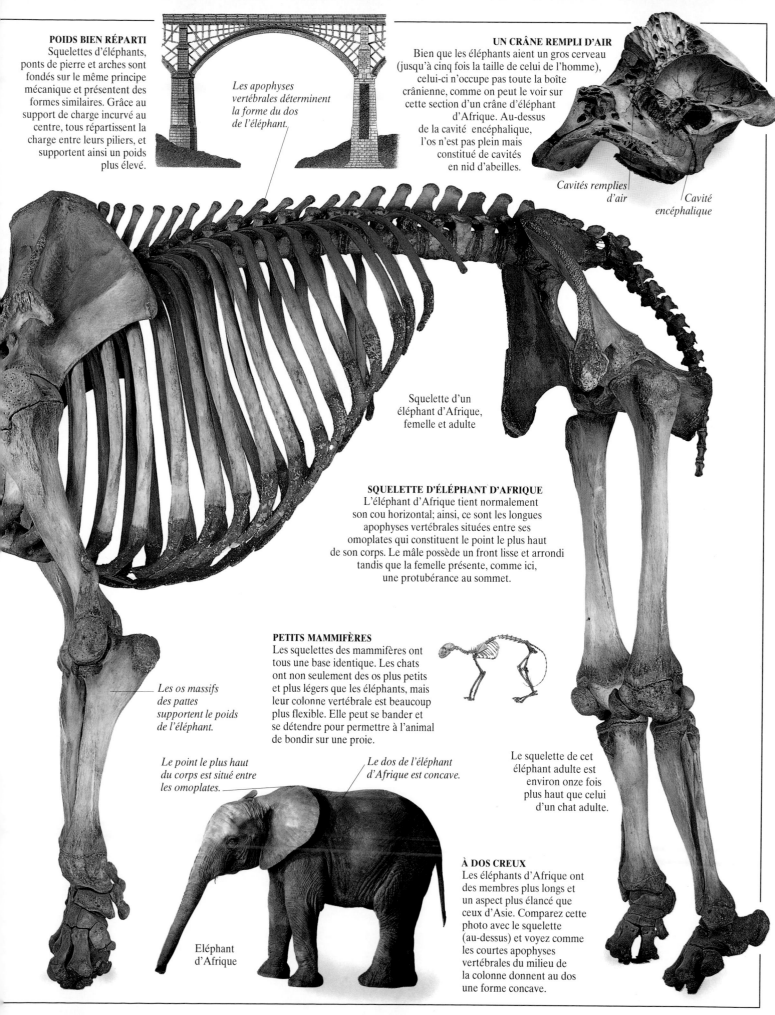

POIDS BIEN RÉPARTI
Squelettes d'éléphants, ponts de pierre et arches sont fondés sur le même principe mécanique et présentent des formes similaires. Grâce au support de charge incurvé au centre, tous répartissent la charge entre leurs piliers, et supportent ainsi un poids plus élevé.

Les apophyses vertébrales déterminent la forme du dos de l'éléphant.

UN CRÂNE REMPLI D'AIR
Bien que les éléphants aient un gros cerveau (jusqu'à cinq fois la taille de celui de l'homme), celui-ci n'occupe pas toute la boîte crânienne, comme on peut le voir sur cette section d'un crâne d'éléphant d'Afrique. Au-dessus de la cavité encéphalique, l'os n'est pas plein mais constitué de cavités en nid d'abeilles.

Cavités remplies d'air

Cavité encéphalique

Squelette d'un éléphant d'Afrique, femelle et adulte

SQUELETTE D'ÉLÉPHANT D'AFRIQUE
L'éléphant d'Afrique tient normalement son cou horizontal; ainsi, ce sont les longues apophyses vertébrales situées entre ses omoplates qui constituent le point le plus haut de son corps. Le mâle possède un front lisse et arrondi tandis que la femelle présente, comme ici, une protubérance au sommet.

PETITS MAMMIFÈRES
Les squelettes des mammifères ont tous une base identique. Les chats ont non seulement des os plus petits et plus légers que les éléphants, mais leur colonne vertébrale est beaucoup plus flexible. Elle peut se bander et se détendre pour permettre à l'animal de bondir sur une proie.

Les os massifs des pattes supportent le poids de l'éléphant.

Le point le plus haut du corps est situé entre les omoplates.

Le dos de l'éléphant d'Afrique est concave.

Le squelette de cet éléphant adulte est environ onze fois plus haut que celui d'un chat adulte.

Eléphant d'Afrique

À DOS CREUX
Les éléphants d'Afrique ont des membres plus longs et un aspect plus élancé que ceux d'Asie. Comparez cette photo avec le squelette (au-dessus) et voyez comme les courtes apophyses vertébrales du milieu de la colonne donnent au dos une forme concave.

UN GÉANT AUX PAS FEUTRÉS

Aussi surprenant que cela puisse paraître, les éléphants ont une marche silencieuse. On s'attendrait pourtant à ce que leurs énormes pattes écrasent tout sur leur passage et fassent trembler la terre. Mais en fait, leurs pieds sont construits de telle sorte que la plante s'étale à chaque pas pour répartir le poids. De plus, ils sont équipés d'un «absorbeur de chocs» constitué d'un tissu gras et fibreux, développé entre et autour de leurs doigts, et qui amortit l'impact sur le sol. Ils se déplacent si discrètement qu'ils semblent marcher sur la pointe des pieds, et c'est en effet ce qu'ils font. De fait, un coup d'œil sur le squelette de leur patte permet de s'apercevoir qu'ils ne sont pas plantigrades, comme les ours et les hommes, mais digitigrades, autrement dit, ils marchent sur le bout de leurs doigts comme le cheval. Leurs pieds ont de gros ongles cornés, cinq à l'avant, quatre à l'arrière et parfois moins.

Pour un bébé éléphant, le monde doit ressembler à une forêt de pattes et de trompes pendantes.

SOINS PÉDICURES

En captivité, les pieds de l'éléphant s'abîment parce qu'il ne peut se déplacer à son gré sur d'assez grandes distances. L'épaisse couche de peau sur la plante pousse alors plus vite qu'elle ne s'use et tend à se crevasser. Si, par exemple, il marche dans son urine trop longtemps lorsqu'il est attaché, des infections se développeront dans les crevasses. C'est pourquoi il faut entretenir ses pattes régulièrement, tailler les ongles et enlever l'excès de peau dure.

Le gardien brosse la plante du pied de l'éléphant pour la nettoyer.

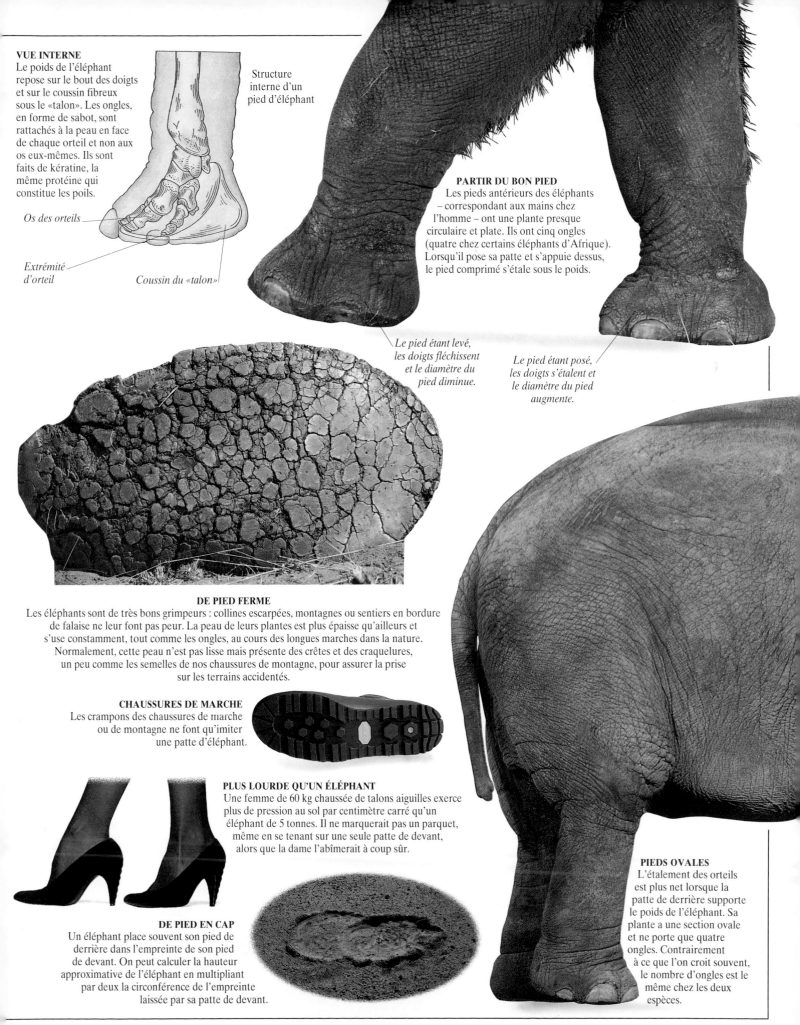

VUE INTERNE

Le poids de l'éléphant repose sur le bout des doigts et sur le coussin fibreux sous le «talon». Les ongles, en forme de sabot, sont rattachés à la peau en face de chaque orteil et non aux os eux-mêmes. Ils sont faits de kératine, la même protéine qui constitue les poils.

Structure interne d'un pied d'éléphant

Os des orteils

Extrémité d'orteil

Coussin du «talon»

PARTIR DU BON PIED

Les pieds antérieurs des éléphants – correspondant aux mains chez l'homme – ont une plante presque circulaire et plate. Ils ont cinq ongles (quatre chez certains éléphants d'Afrique). Lorsqu'il pose sa patte et s'appuie dessus, le pied comprimé s'étale sous le poids.

Le pied étant levé, les doigts fléchissent et le diamètre du pied diminue.

Le pied étant posé, les doigts s'étalent et le diamètre du pied augmente.

DE PIED FERME

Les éléphants sont de très bons grimpeurs : collines escarpées, montagnes ou sentiers en bordure de falaise ne leur font pas peur. La peau de leurs plantes est plus épaisse qu'ailleurs et s'use constamment, tout comme les ongles, au cours des longues marches dans la nature. Normalement, cette peau n'est pas lisse mais présente des crêtes et des craquelures, un peu comme les semelles de nos chaussures de montagne, pour assurer la prise sur les terrains accidentés.

CHAUSSURES DE MARCHE

Les crampons des chaussures de marche ou de montagne ne font qu'imiter une patte d'éléphant.

PLUS LOURDE QU'UN ÉLÉPHANT

Une femme de 60 kg chaussée de talons aiguilles exerce plus de pression au sol par centimètre carré qu'un éléphant de 5 tonnes. Il ne marquerait pas un parquet, même en se tenant sur une seule patte de devant, alors que la dame l'abîmerait à coup sûr.

DE PIED EN CAP

Un éléphant place souvent son pied de derrière dans l'empreinte de son pied de devant. On peut calculer la hauteur approximative de l'éléphant en multipliant par deux la circonférence de l'empreinte laissée par sa patte de devant.

PIEDS OVALES

L'étalement des orteils est plus net lorsque la patte de derrière supporte le poids de l'éléphant. Sa plante a une section ovale et ne porte que quatre ongles. Contrairement à ce que l'on croit souvent, le nombre d'ongles est le même chez les deux espèces.

UN ANIMAL QUI A DU NEZ NE SE TROMPE PAS

Imaginez tout ce que vous pourriez faire si vos narines se prolongeaient dans vos bras et s'ouvraient dans vos paumes. Vous pourriez renifler les odeurs dans les moindres recoins ! Choisir la nourriture serait simple : il suffirait de la toucher en la reniflant pour savoir si elle est bonne à manger. L'incroyable trompe de l'éléphant fait à elle seule tout ce que les hommes font avec leurs mains, leur nez, leurs lèvres et leurs muscles faciaux. Grâce à elle, il peut aussi pomper l'eau et se l'envoyer dans la gorge, s'asperger le corps ou éclabousser un congénère. Bref, c'est l'organe le plus polyvalent de tout le règne animal, une énorme masse musculaire d'une centaine de kilos.

TENTACULES FLEXIBLES
Presque tous les animaux possédant des bras ou des jambes ont un squelette pour renforcer et soutenir leurs membres. Mais un squelette ne bouge que là où les articulations le permettent. Seuls les animaux à tentacules, comme les poulpes ou les anémones de mer, ont des appendices pouvant s'enrouler et se tordre dans toutes les directions, comme la trompe d'un éléphant.

PLUS QU'UN LONG NEZ
La trompe est formée par le nez, la lèvre supérieure et les muscles de la face, réunis et allongés en un cinquième membre unique en son genre. Aucun os n'entrant dans sa constitution, elle peut bouger dans toutes les directions. Pour communiquer, par exemple, quand deux éléphants se rencontrent, l'un d'eux dresse sa trompe puis la recourbe jusqu'à toucher son front. On pense qu'il s'agit d'un signe de soumission adressé à l'autre éléphant, ainsi reconnu comme dominant.

LE NEZ DANS L'ŒIL
Quand l'éléphant a une saleté dans l'œil, il la fait partir délicatement, en utilisant un doigt de sa trompe, ou encore, comme cet éléphant d'Afrique, avec le dos de la trompe, comme quand nous nous frottons l'œil du dos de la main.

REPOSOIR D'IVOIRE
Quand les muscles de leur trompe sont fatigués, les éléphants aux défenses recourbées vers le haut la reposent alors sur ces supports d'ivoire.

TROMPE DE FER
Dans les épreuves de force entre mâles, les éléphants en lutte se poussent, s'entrechoquent les défenses et se saisissent l'un l'autre avec la trompe. Mais ce ne sont généralement que des simulacres de combat.

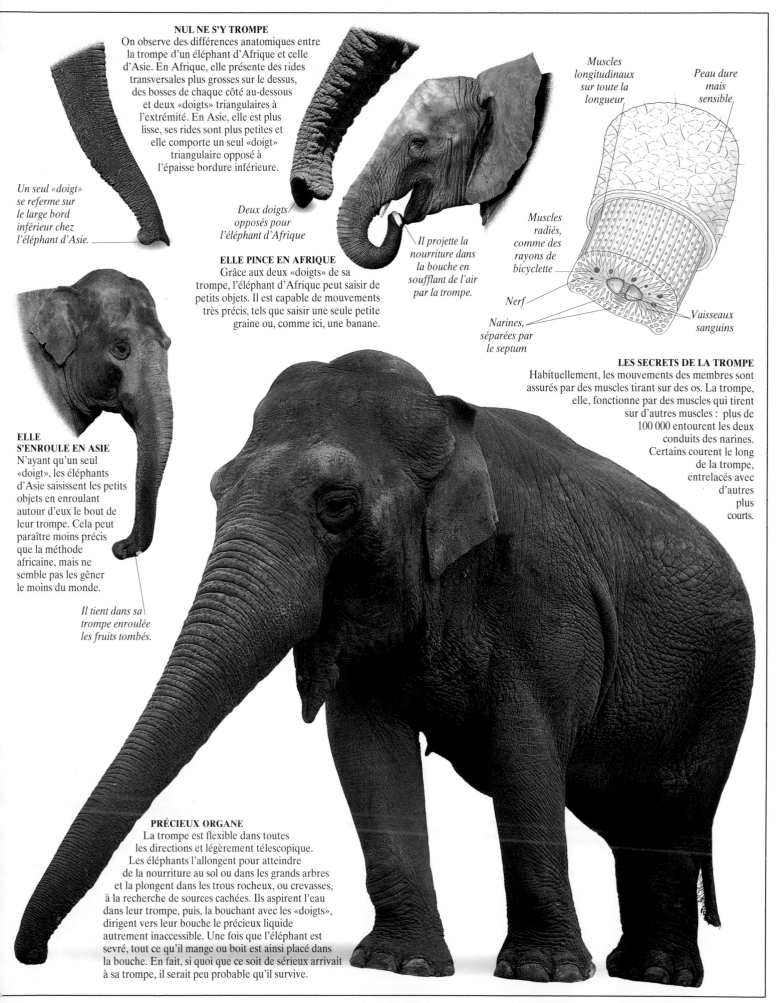

NUL NE S'Y TROMPE
On observe des différences anatomiques entre la trompe d'un éléphant d'Afrique et celle d'Asie. En Afrique, elle présente des rides transversales plus grosses sur le dessus, des bosses de chaque côté au-dessous et deux «doigts» triangulaires à l'extrémité. En Asie, elle est plus lisse, ses rides sont plus petites et elle comporte un seul «doigt» triangulaire opposé à l'épaisse bordure inférieure.

Un seul «doigt» se referme sur le large bord inférieur chez l'éléphant d'Asie.

Deux doigts opposés pour l'éléphant d'Afrique

Muscles longitudinaux sur toute la longueur

Peau dure mais sensible

Il projette la nourriture dans la bouche en soufflant de l'air par la trompe.

Muscles radiés, comme des rayons de bicyclette

Nerf

Narines, séparées par le septum

Vaisseaux sanguins

ELLE PINCE EN AFRIQUE
Grâce aux deux «doigts» de sa trompe, l'éléphant d'Afrique peut saisir de petits objets. Il est capable de mouvements très précis, tels que saisir une seule petite graine ou, comme ici, une banane.

ELLE S'ENROULE EN ASIE
N'ayant qu'un seul «doigt», les éléphants d'Asie saisissent les petits objets en enroulant autour d'eux le bout de leur trompe. Cela peut paraître moins précis que la méthode africaine, mais ne semble pas les gêner le moins du monde.

Il tient dans sa trompe enroulée les fruits tombés.

LES SECRETS DE LA TROMPE
Habituellement, les mouvements des membres sont assurés par des muscles tirant sur des os. La trompe, elle, fonctionne par des muscles qui tirent sur d'autres muscles : plus de 100 000 entourent les deux conduits des narines. Certains courent le long de la trompe, entrelacés avec d'autres plus courts.

PRÉCIEUX ORGANE
La trompe est flexible dans toutes les directions et légèrement télescopique. Les éléphants l'allongent pour atteindre de la nourriture au sol ou dans les grands arbres et la plongent dans les trous rocheux, ou crevasses, à la recherche de sources cachées. Ils aspirent l'eau dans leur trompe, puis, la bouchant avec les «doigts», dirigent vers leur bouche le précieux liquide autrement inaccessible. Une fois que l'éléphant est sevré, tout ce qu'il mange ou boit est ainsi placé dans la bouche. En fait, si quoi que ce soit de sérieux arrivait à sa trompe, il serait peu probable qu'il survive.

DÉFENSES APPROUVÉES POUR FONCTIONS VARIÉES

En 1897, un vieil éléphant mâle tomba sous les balles d'un chasseur sur les pentes du Kilimandjaro, la plus haute montagne d'Afrique. Ses défenses furent rapportées à Zanzibar pour être vendues : c'étaient les plus lourdes jamais enregistrées. Il n'est pas facile d'imaginer la taille de l'animal qui pouvait se servir de ces dents énormes. En effet, les défenses ont des fonctions importantes et variées puisqu'elles servent d'outils, d'armes et d'apparat, mais certains éléphants s'en passent très bien. Les défenses sont simplement les incisives modifiées de la mâchoire supérieure. Elles poussent durant toute la vie de l'éléphant, de dix-sept centimètres par an environ, selon la richesse de leur nourriture en minéraux.

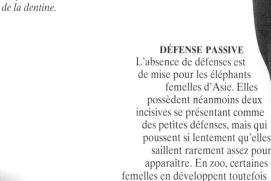

PORTEUR D'ASIE
La plupart des éléphants mâles d'Asie portent des défenses, bien que peu atteignent la taille de ce splendide spécimen du zoo de Paris. Dans les populations sauvages la proportion des mâles sans défenses – appelés muknas – varie. Au nord-est de l'Inde la moitié en sont porteurs, à Sri Lanka, presque tous en sont dépourvus. Quand elles sont présentes, l'une s'use généralement plus vite que l'autre, résultat d'une préférence pour la gauche ou la droite, comme chez l'homme.

Bout arrondi de la défense rarement utilisée

La défense fréquemment utilisée est effilée par l'usure.

L'ivoire est tout simplement de la dentine.

DÉFENSE PASSIVE
L'absence de défenses est de mise pour les éléphants femelles d'Asie. Elles possèdent néanmoins deux incisives se présentant comme des petites défenses, mais qui poussent si lentement qu'elles saillent rarement assez pour apparaître. En zoo, certaines femelles en développent toutefois d'assez longues, atteignant 30 cm.

On a observé des éléphants portant jusqu'à sept défenses.

PICS D'IVOIRE
En forme de pioche dépourvue de manche, les défenses servent aussi à piocher. Mais plutôt que de frapper le sol de coups répétés, l'éléphant place leur point d'attaque avec précision, puis pèse de tout son corps pour les faire rentrer dans la terre ou le roc.

ÉTRANGE MAIS VRAI
Longtemps, les pygmées de la forêt de l'Ituri, en Afrique centrale, parlèrent d'un vieil éléphant puissant et dangereux portant quatre défenses. Peu d'étrangers crurent cette légende du Roi Éléphant jusqu'à ce que son crâne fût retrouvé. Il portait bien quatre défenses, résultat d'une déformation rare de leurs racines.

PORTEUR D'AFRIQUE
Quand ce «gros porteur» est né, il avait déjà de minuscules défenses caduques de 5 cm (correspondant aux dents de lait), qui furent remplacées à l'âge de 6-13 mois par ses défenses définitives. Au début, elles étaient couvertes d'émail qui s'usa vite, laissant apparaître la dentine.

LABOUREUR AUX DENTS LONGUES
Dans les forêts montagneuses d'Afrique de l'Est, on trouve dans les coupes de terrains au bord des routes des traces laissées par des éléphants à la recherche de sels minéraux. Le sol apparent a été creusé et des saignées ont été laissées par les défenses.

PETITE DÉFENSE D'ASIE
La défense d'un mâle d'Asie est fine, à bords presque parallèles, et va en s'effilant. Le record de longueur est de 3,02 m, mais le record de poids pour une seule défense n'est que de 39 kg.

LÉGITIME DÉFENSE
Les défenses peuvent être des armes mortelles pour les prédateurs. C'est pourquoi des soldats utilisèrent des éléphants dans des conflits, comme le montre cette illustration indienne du XVIIe siècle. Dès l'époque des cirques romains, on faisait s'affronter des éléphants furieux et des gladiateurs.

Point d'émergence du crâne

À BELLES DENTS
Les défenses des femelles d'Afrique (ci-dessus) ont des bords quasi parallèles sur presque toute leur longueur, un tiers étant enchâssé dans l'alvéole crânienne. A l'intérieur de cette partie, une cavité conique est remplie de tissus riches en vaisseaux sanguins et en nerfs.

IVOIRE DE MAMMOUTH
Les défenses de mammouth ont une courbure prononcée et très souvent une teinte sombre, selon leur état de conservation. Celles des mâles sont grosses et effilées, celles des femelles plus parallèles et plus petites.

Le record de poids pour une seule défense d'éléphant d'Afrique est de 117 kg, et la plus longue mesure 3,45 m.

GRAND MÂLE D'AFRIQUE
En Afrique, les défenses des mâles sont beaucoup plus épaisses que celles des femelles. C'est sans doute le résultat d'une sélection sexuelle, car le mâle aux plus grosses défenses est le plus susceptible de se reproduire (pp. 32-33).

DES DENTS QUI N'EN FINISSENT PAS DE POUSSER

Les défenses, on l'a vu, sont les dents de devant. Elles poussent continuellement et ne s'usent pas ou peu. Les autres, qui broient la nourriture ligneuse, sont très particulières, aucun autre animal n'en a de semblables. Elles se singularisent par leur taille, leur forme et la façon dont elles poussent. L'homme, comme la plupart des mammifères, n'a que deux dentitions dans sa vie ; l'éléphant, lui, en a six. Lorsque sa croissance s'arrête, vers vingt ans, l'homme possède sa dentition définitive complète, quoique les dents de sagesse soient parfois plus longues à sortir. Un éléphant du même âge en est déjà à sa quatrième. En fait, il ne possède que deux dents sur chaque mâchoire : une de chaque côté. Chaque dent nouvelle est un peu plus grosse que la précédente. Mais les nouvelles dents ne poussent pas sous les précédentes, comme chez l'homme ; elles se déplacent depuis l'arrière vers l'avant de la mâchoire, comme sur un lent tapis roulant. Au fur et à mesure qu'elle avance, chaque dent s'use de plus en plus, mais lorsque le dernier morceau tombe, elle a déjà été remplacée par la suivante.

UN PROBLÈME ÉPINEUX
Les longues épines acérées des acacias sont sans effet sur un éléphant. Evitant soigneusement les piquants, celui-ci a cassé une branche avec sa trompe et broie l'écorce avec ses molaires.

Crêtes en forme de losange sur une molaire d'éléphant

DE PROFONDES RACINES
On a meulé cette moitié gauche de l'os de la mâchoire d'un éléphant d'Afrique pour découvrir la racine des dents. La plus grosse est la 5e molaire, mais le dernier morceau de la 4e est encore en usage. Le bloc arrondi dans l'angle est le début de la 6e molaire.

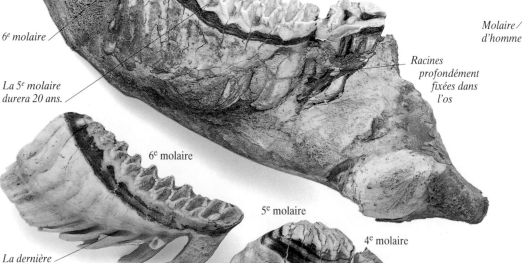

6e molaire

La 5e molaire durera 20 ans.

6e molaire

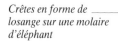

Molaire d'homme

Racines profondément fixées dans l'os

Crêtes parallèles sur une molaire d'éléphant d'Asie

CRÊTES DENTAIRES
La molaire d'un éléphant est constituée de plusieurs plaques, ou lamelles, accolées. L'émail qui recouvre chaque dent s'use en frottant contre la dent opposée, révélant des structures en losange chez l'éléphant d'Afrique et de minces crêtes parallèles chez celui d'Asie.

Racine d'une dent de mammouth

DENT DE MAMMOUTH
On remonte parfois des dents fossiles de mammouths du fond de la mer du Nord. Les crêtes de la surface broyeuse sont plus proches de celles de l'éléphant d'Asie.

5e molaire

4e molaire

3e molaire

2e molaire

1re molaire

La dernière molaire, plus grosse qu'une brique, apparaît vers l'âge de 40 ans.

DES INDICES PRÉCIEUX
Lorsqu'un éléphant meurt, la taille et le degré d'usure de ses dents permettent aux savants de déterminer son âge. Ces six dents proviennent de cinq éléphants différents, d'un tout jeune à un adulte de plus de 50 ans.

Seules les cinq premières crêtes de la 5e molaire ont été usées.

4e molaire presque entièrement usée. Elle provient du même éléphant que la 5e.

3e molaire, en place entre trois ans et demi et neuf ans environ

2e molaire, sortant généralement avant le 18e mois

1re molaire, présente chez les nouveau-nés

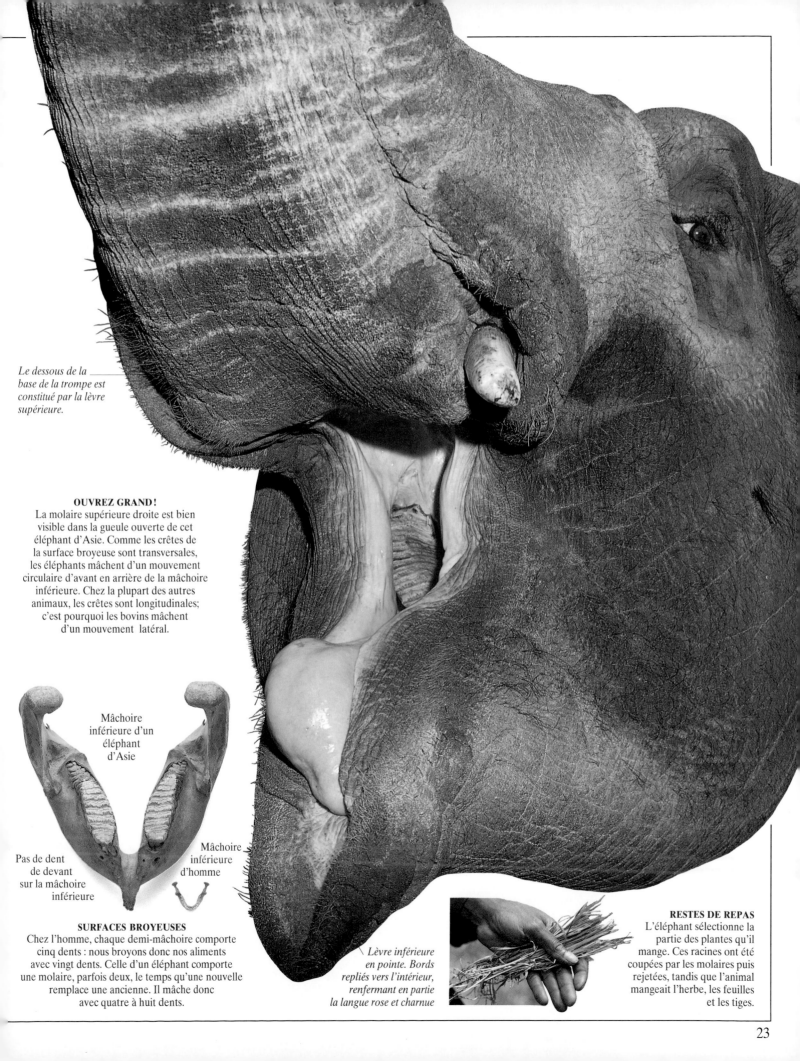

Le dessous de la base de la trompe est constitué par la lèvre supérieure.

OUVREZ GRAND !
La molaire supérieure droite est bien visible dans la gueule ouverte de cet éléphant d'Asie. Comme les crêtes de la surface broyeuse sont transversales, les éléphants mâchent d'un mouvement circulaire d'avant en arrière de la mâchoire inférieure. Chez la plupart des autres animaux, les crêtes sont longitudinales; c'est pourquoi les bovins mâchent d'un mouvement latéral.

Mâchoire inférieure d'un éléphant d'Asie

Pas de dent de devant sur la mâchoire inférieure

Mâchoire inférieure d'homme

SURFACES BROYEUSES
Chez l'homme, chaque demi-mâchoire comporte cinq dents : nous broyons donc nos aliments avec vingt dents. Celle d'un éléphant comporte une molaire, parfois deux, le temps qu'une nouvelle remplace une ancienne. Il mâche donc avec quatre à huit dents.

Lèvre inférieure en pointe. Bords repliés vers l'intérieur, renfermant en partie la langue rose et charnue

RESTES DE REPAS
L'éléphant sélectionne la partie des plantes qu'il mange. Ces racines ont été coupées par les molaires puis rejetées, tandis que l'animal mangeait l'herbe, les feuilles et les tiges.

23

INFATIGABLES MANGEURS

Herbivores, les éléphants passent environ les trois quarts de leur temps, jour et nuit, à choisir, cueillir, préparer leur nourriture et la manger : un adulte sauvage absorbe de cent à deux cents kilogrammes de végétation par jour, selon sa taille et son type d'habitat. Pourtant, leur système digestif ne peut digérer la cellulose, principal constituant des plantes. Contrairement aux vaches et autres ruminants, leur estomac n'est pas composé de plusieurs chambres qui facilitent la digestion. En revanche, ils sont dotés d'un très gros cæcum – appendice en forme de poche où se rejoignent le gros et le petit intestin. Des millions de protozoaires (animaux unicellulaires) et de bactéries y vivent, se nourrissant de la végétation partiellement digérée qui y transite et dont ils poursuivent la digestion. Ils sont digérés à leur tour par l'éléphant lorsqu'ils meurent. Mais même ainsi, les crottes d'éléphant restent pleines de fibres végétales et de graines non attaquées.

JUSQU'AUX OREILLES
Chez les deux espèces, 30 à 60 % du régime alimentaire est composé d'herbe, lorsqu'elle est disponible (ils en mangent moins en saison sèche et plus en saison humide). Les éléphants vivant en forêt recherchent les clairières herbeuses. Les marécages, comme ici dans un parc national de Sumatra, sont des garde-manger idéaux.

RÉGIME DE BANANES
Dans les milieux forestiers, les arbres fruitiers sont dispersés et leur recherche prend beaucoup de temps. Mais les champs cultivés sont pour l'animal comme une invite au festin. Une famille d'éléphants peut détruire une plantation de bananiers ou un champ de canne à sucre en un rien de temps. Non seulement ils en dévorent autant qu'ils en piétinent, mais ils renversent les arbres. C'est pourquoi, pour un fermier d'Afrique ou d'Asie tropicale, l'arrivée des éléphants est synonyme de ruine et de famine. Le problème est pire dans les zones de cultures récentes. Si la terre n'a été défrichée que 20 ou 30 ans plus tôt, le risque est grand que les éléphants adultes s'en souviennent comme des terres de pâture de leur jeunesse.

GOURMAND ÉQUIPÉ, MENUS VARIÉS

Avec leur trompe et leurs défenses, les éléphants sont bien équipés pour cueillir et déterrer toute sorte de nourriture. Comme les humains et les singes, leur choix est déterminé en partie par les espèces qu'ils trouvent sur place, en partie par ce qu'ils ont appris de leur mère, et enfin, par leur expérience personnelle, en goûtant de nouvelles plantes. Le nombre d'espèces végétales que mange un éléphant peut varier, mais dépasse vraisemblablement cinquante. Cependant, dans les endroits où les arbres sont rares l'herbe constitue 90 % de sa nourriture.

GAVÉ D'HERBES

Choisir sa nourriture puis préparer chaque bouchée sont deux moments importants pour l'éléphant. Les hautes herbes sont probablement le moyen le plus simple et le plus rapide de se remplir l'estomac. L'éléphant d'Asie enroule sa trompe autour d'une touffe (l'éléphant d'Afrique utilise ses «doigts») et tire. Puis, il fait tomber la terre des racines si celles-ci sont comestibles, et enfourne le tout dans sa bouche. La bouchée est rapidement mastiquée tandis qu'il prépare la suivante.

ON RECHERCHE ÉPOUVANTAIL À ÉLÉPHANT

Ces fermiers de Sumatra tentent de chasser les éléphants de leurs champs. Les populations humaines ayant augmenté et les habitats d'éléphants étant de plus en plus défrichés, les conflits entre l'homme et l'animal s'amplifient. L'usage de clôtures électriques ou de fossés anti-éléphants peut réduire le problème mais ces deux techniques coûtent cher.

ÉCORCEURS SANS MERCI

L'écorce est l'une des nourritures qui prend le plus de temps à manger. Des branches ou de jeunes arbres atteignant l'épaisseur d'une jambe d'homme sont cassés et écorcés dans la bouche (à gauche). Avec les arbres plus gros, l'éléphant passe une défense entre le tronc et l'écorce, dont il arrache une bande avec sa trompe. Il mange aussi le bois tendre du baobab (ci-dessus). Un tel traitement détruit parfois l'arbre entièrement.

COUPER, TAILLER, ÉLAGUER...

Quand les éléphants broutent dans les arbres ou les fourrés, ils ne prélèvent pas que les feuilles comme le font la plupart des autres herbivores. Ils cueillent, mastiquent et avalent feuilles, tiges et même petites branches, effectuant ainsi une sorte de taille qui favorise une repousse plus épaisse qu'auparavant. En Ouganda, lors de la saison humide, on a observé que près de 42 % du régime des éléphants est constitué d'arbres et de buissons. Mais, à la saison sèche, quand l'herbe est moins nourrissante, la proportion s'élève à 67 %, sans doute parce que les arbres, avec leurs profondes racines, restent verts plus longtemps.

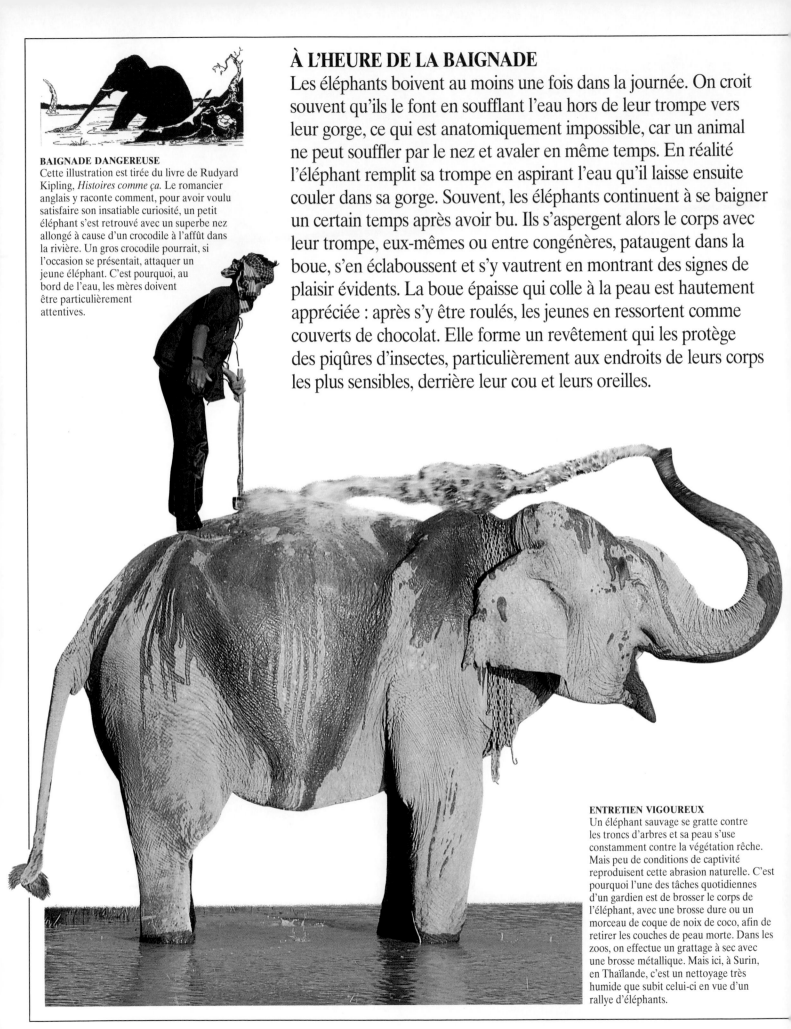

À L'HEURE DE LA BAIGNADE

Les éléphants boivent au moins une fois dans la journée. On croit souvent qu'ils le font en soufflant l'eau hors de leur trompe vers leur gorge, ce qui est anatomiquement impossible, car un animal ne peut souffler par le nez et avaler en même temps. En réalité l'éléphant remplit sa trompe en aspirant l'eau qu'il laisse ensuite couler dans sa gorge. Souvent, les éléphants continuent à se baigner un certain temps après avoir bu. Ils s'aspergent alors le corps avec leur trompe, eux-mêmes ou entre congénères, pataugent dans la boue, s'en éclaboussent et s'y vautrent en montrant des signes de plaisir évidents. La boue épaisse qui colle à la peau est hautement appréciée : après s'y être roulés, les jeunes en ressortent comme couverts de chocolat. Elle forme un revêtement qui les protège des piqûres d'insectes, particulièrement aux endroits de leurs corps les plus sensibles, derrière leur cou et leurs oreilles.

BAIGNADE DANGEREUSE
Cette illustration est tirée du livre de Rudyard Kipling, *Histoires comme ça*. Le romancier anglais y raconte comment, pour avoir voulu satisfaire son insatiable curiosité, un petit éléphant s'est retrouvé avec un superbe nez allongé à cause d'un crocodile à l'affût dans la rivière. Un gros crocodile pourrait, si l'occasion se présentait, attaquer un jeune éléphant. C'est pourquoi, au bord de l'eau, les mères doivent être particulièrement attentives.

ENTRETIEN VIGOUREUX
Un éléphant sauvage se gratte contre les troncs d'arbres et sa peau s'use constamment contre la végétation rêche. Mais peu de conditions de captivité reproduisent cette abrasion naturelle. C'est pourquoi l'une des tâches quotidiennes d'un gardien est de brosser le corps de l'éléphant, avec une brosse dure ou un morceau de coque de noix de coco, afin de retirer les couches de peau morte. Dans les zoos, on effectue un grattage à sec avec une brosse métallique. Mais ici, à Surin, en Thaïlande, c'est un nettoyage très humide que subit celui-ci en vue d'un rallye d'éléphants.

ÉLÉPHANTS SOUS-MARINS
Les éléphants savent très bien nager sur plusieurs kilomètres et, lorsqu'ils traversent une rivière à fort courant, les mères placent les éléphanteaux en amont pour les retenir au cas où ils seraient emportés. Si leur territoire borde des côtes marines, ils aiment aussi jouer dans la mer, s'y immergent, n'appréciant guère de rester à la surface. Ils respirent par la trompe comme avec un tuba.

D'ABORD ÉTANCHER LA SOIF ...
Ces deux jeunes mâles se remplissent l'estomac d'une ou deux douzaines de trompes pleines d'eau. Chacune contient de 5 à 10 litres. Un adulte absorbe environ 225 litres par jour, et ce peut être en une seule fois. Lorsqu'il boit, il relève toujours la tête afin que le liquide puisse couler vers sa gorge.

... PUIS PATAUGER DANS LA BOUE
Il n'est pas rare de voir un éléphant transformer un trou d'eau claire en une mare de boue. Il soulève l'une de ses pattes antérieures, puis se met à éclabousser d'avant en arrière, soulevant des nuages de limon. Les jeunes éléphants observent avec intérêt et essaient d'en faire autant, mais avec moins de succès. Chaque fois qu'un troupeau sort de l'eau la boue en suspension indique jusqu'où il s'est aventuré.

LA RÉCOMPENSE DES TRAVAILLEURS
Les éléphants domestiqués apprennent vite la routine et affichent des comportements particuliers lorsqu'ils attendent impatiemment leur bain. Ils descendent en hâte vers la berge de la rivière, sachant que la journée de travail est terminée et qu'un repas les attend. Cette illustration dépeint l'ambiance de ces bains à Sri Lanka.

ENFIN, PLONGER !
En voulant suivre sa mère, l'éléphanteau va parfois là où il n'a plus pied. Toutefois, il peut gagner quelque distance et s'immerger totalement, en maintenant le bout de sa trompe hors de l'eau pour respirer. Les très jeunes éléphants, qui ne maîtrisent pas encore l'art de boire avec leur trompe, mettent tout simplement la tête dans l'eau et boivent par la bouche.

MILLE ET UNE ASTUCES POUR SE RAFRAÎCHIR

Chez l'éléphant comme chez tous les animaux, les mouvements des muscles produisent de la chaleur, mais lui éprouve des difficultés à se rafraîchir. Un homme dont la température augmente se met à transpirer, sa peau se rafraîchissant tandis que la sueur s'évapore. Les éléphants, eux, n'ont pas ce moyen de réguler leur température : leur peau ne possède pas beaucoup de glandes sudoripares, et même si elle en avait cela ne suffirait pas. En effet, les gros animaux ont une surface d'échange thermique (la peau) trop faible par rapport à leur volume, contrairement aux petits qui évacuent mieux la chaleur. Les éléphants ont donc recours à d'autres moyens : au bord de l'eau, ils se donnent une douche froide avec leur trompe, à proximité des arbres ils se mettent à l'ombre ; s'ils trouvent de la boue ou peuvent en fabriquer, ils vont s'en recouvrir le corps ; s'il n'y a pas d'eau à proximité, ils se contentent de poussière sèche qu'ils se projettent sur la peau pour faire une couche protectrice. En outre, ils peuvent abaisser leur température en battant des oreilles.

Dans la savane africaine, les acacias parasols aux formes tabulaires sont des abris appréciés sous la chaleur de midi.

ÉLÉPHANT D'OMBRE
Les éléphants de milieux forestiers, comme ce spécimen d'Asie à Sumatra, passent le plus clair de leur temps à l'ombre. Très peu de rayons solaires traversent le feuillage, et la température de l'air y est de plusieurs degrés inférieure à celle des endroits ensoleillés.

REFROIDISSEMENT PAR EAU
L'éléphant peut toujours prendre une douche en s'aspergeant de la trompe. Avec de la pratique, il apprend comment balancer la trompe et à quel moment souffler l'eau pour atteindre toutes les parties de son corps.

RIDES DE CLIMATISATION
La peau ridée des éléphants paraît trop grande pour eux, mais toutes ces rides ont un rôle dans la régulation de leur température. Elles augmentent très sensiblement la surface de peau à mouiller au cours du bain. Les craquelures et crevasses captent l'humidité qui met ainsi plus longtemps à s'évaporer. Ainsi, un éléphant ridé reste plus frais plus longtemps que s'il avait une peau lisse.

BOUE BÉNIE !
La couleur d'un éléphant dépend de celle de la boue locale. Ils aiment tellement s'en recouvrir que l'on voit rarement la couleur naturelle, brun grisâtre, de leur peau. Au cours d'un safari, on est surpris d'observer des éléphants rouges, gris, noirs ou même jaunes, émerger de leur souille. Ces trous à boue s'agrandissent tous les ans : chaque éléphant en emporte constamment plusieurs kilos sur son corps.

PETITES OREILLES
Les éléphants africains des forêts ont des oreilles plus petites que ceux de savane : sans doute fait-il plus frais sous le couvert et n'ont-ils pas besoin d'une si grande surface de refroidissement.

Grosses veines permettant un refroidissement rapide

GRANDES OREILLES
Les éléphants africains des savanes ont les plus grandes oreilles du monde, jusqu'à 2 m de haut, ce qui augmente leur surface de refroidissement. Chaque pavillon est parcouru par un réseau de grosses veines nettement visibles derrière, où le sang se refroidit directement.

VENTILATEUR SUR MESURE
Battre des oreilles régulièrement refroidit l'animal de plusieurs manières : chaque pavillon, tel un éventail, souffle de l'air vers la surface du corps, ce qui refroidit en même temps le sang dans les veines des oreilles. Plus l'éléphant a chaud, plus ses oreilles battent vite. Les jours de vent, il tourne le dos à la brise en écartant largement les oreilles pour capter la fraîcheur.

MANTEAU DE POUSSIÈRE
D'un coup de trompe précis, cette femelle de savane africaine se recouvre le dos de poussière pour protéger sa peau de la brûlure du soleil et des piqûres d'insectes. En observant la direction dans laquelle se dissipe la poussière, on détermine le sens du vent pour approcher l'éléphant sans se faire repérer.

RESPIRATION SACCADÉE
Les animaux se rafraîchissent de différentes manières. Chiens et oiseaux ne transpirent pas non plus mais respirent à petits coups rapides. Les chiens laissent aussi pendre leur longue langue afin que la salive s'évapore.

CELLE À QUI IL FAUT OBÉIR

La sagesse des ancêtres s'exprime parfaitement dans la société des éléphants. Les troupeaux familiaux ne sont pas menés par un mâle puissant mais par une vieille grand-mère. C'est elle la femelle dominante, et le troupeau dont elle a la charge est vraisemblablement constitué de ses sœurs, filles, cousines et de leurs petits. Le gros troupeau familial est composé de petits sous-groupes de trois à six éléphants. Ceux-ci forment l'unité de base de leur société et réunissent généralement une mère et sa progéniture, et parfois sa sœur et ses petits. Comme l'éléphant peut atteindre soixante ans, ces liens sociaux sont susceptibles de durer plusieurs décennies.

Comme les enfants de l'homme, les jeunes éléphants reçoivent parfois l'éducation d'une nourrice.

La femelle dominante détient tout le savoir du troupeau, transmis à travers les générations.

CHEF DE FILE
La femelle dominante est responsable de la sécurité du troupeau et de son approvisionnement en eau et en nourriture. Dans la quête permanente de nouvelles pâtures, c'est donc elle qui décide dans quelle direction aller et jusqu'où.

L'UNION FAIT LA FORCE
Ces femelles du parc national d'Amboseli, au Kenya, semblent détendues et ne pas redouter une attaque. Mais si quelque danger survenait et qu'elles n'aient pas le temps de se sauver ni d'endroit où fuir, les plus vieilles du troupeau formeraient immédiatement un cercle autour des éléphanteaux, fragiles, pour les protéger de leur corps.

ÉCLAIREUSE DE MÈRE EN FILLE
La rivière Uaso Nyiro, dans le parc national de Samburu, au Kenya, abrite une belle population de crocodiles du Nil. C'est sans doute ce qui explique les précautions prises par ce troupeau dont la femelle dominante traverse les hauts-fonds, tandis que les autres observent avec intérêt depuis la berge. Sans doute l'herbe est-elle plus verte de l'autre côté, mais c'est à la dominante de la découvrir grâce à ses connaissances des pâturages. Elle s'appuie sur sa propre expérience, mais aussi sur celle que sa mère lui a transmise et qui la tenait elle-même de sa mère.

AU SECOURS DES PLUS FAIBLES
Les éléphanteaux sont vulnérables face à toutes sortes de dangers, comme par exemple l'enlisement sur la berge d'une rivière. Heureusement, dans la société très attentionnée des éléphants, il y a toujours une tante ou une grande sœur pour tendre une trompe secourable. Vers l'âge de cinq ans, les jeunes femelles commencent à assumer le rôle de nourrice pour les plus petits. Non seulement elles acquièrent ainsi une certaine pratique dans l'art d'élever les bébés, bien utile au moment d'en avoir à leur tour, mais cela augmente les chances de survie des petits. Face aux sollicitations permanentes d'un bébé éléphant, cette assistance permet aussi à la mère de faire une pause bien nécessaire.

FAIS DODO, BÉBÉ ÉLÉPHANT !
Les petits naissent souvent à peu près en même temps (à la saison des pluies notamment). La matriarche doit réduire le pas pour leur permettre de suivre et dormir fréquemment. Le troupeau se sépare souvent pour quelques heures ou quelques jours, chaque unité mère-jeune pouvant aller pâturer hors de vue des autres mais restant en contact grâce à des cris de très basse fréquence (p. 35). Les éléphants sont très excités quand ils se retrouvent, se saluant par des reniflements et des grondements.

Lorsqu'elle secoue la tête ses oreilles claquent contre le corps comme un fouet.

MÈRE EN COLÈRE
En grandissant, les jeunes prennent de l'assurance et s'éloignent de plus en plus de leur mère. Mais si l'un d'eux est soudain effrayé, qu'il y ait ou non danger, sa mère entend son cri d'alarme et arrive en courant pour le protéger. Peu de spectacles, dans la nature, sont plus impressionnants qu'une femelle en colère (pouvant peser 4 tonnes) en train de charger.

COMME LES GRANDS
Entre les grosses pattes rassurantes de leur mère, les jeunes imitent leurs aînés. Ils apprennent progressivement où trouver la nourriture, les sels minéraux et l'eau sur leur territoire. A maturité sexuelle, vers 10-15 ans, les femelles resteront dans la famille pour donner naissance à la génération suivante. Un troupeau peut réunir jusqu'à quatre générations, mais même quand la matriarche est vieille et affaiblie, sa position sociale est respectée.

COMBATTRE POUR RÉGNER

La vie d'un éléphant mâle est très différente de celle des femelles. À maturité sexuelle, ces dernières s'accouplent et restent dans le troupeau de leur mère pour mettre bas. Les mâles adolescents, eux, sont chassés dès qu'ils commencent à montrer de l'intérêt pour le sexe opposé. Vers dix ans, ils quittent le groupe familial pour rejoindre un groupe temporaire de jeunes mâles, puis, en vieillissant, mener une vie de solitaire. Alors débute pour eux la lente ascension vers le statut des plus gros et des plus puissants de la région. Ces mâles dominants sont les plus susceptibles de s'accoupler avec les femelles en chaleur (pp. 36-37). Mais après l'accouplement, ils ne s'intéressent guère à leur progéniture et préfèrent asseoir leur position de mâle dominant hors du noyau familial.

TRAIN CONTRE ÉLÉPHANTS
Cette peinture, qui montre un train stoppé par une horde d'éléphants à Assam, en Inde, exprime la fascination qu'exerce sur l'homme l'affrontement de ces animaux puissants et des machines.

JEUX DE TROMPE ET D'ÉPÉES
Les jeux pratiqués par les jeunes sont les prémices des tournois de force qui établissent les individus dominants. Alors que les femelles commencent à jouer aux mères avec les nouveau-nés, les mâles poursuivent leurs luttes jusqu'à l'âge adulte. Leurs défenses se développant, les parties «d'escrime» deviennent très fréquentes et les claquements de l'ivoire contre l'ivoire résonnent à travers forêts et savanes. A défenses égales, deux éléphants peuvent s'affronter pendant une heure ou plus, mais les blessures graves sont rares. Il est probable que, une fois les niveaux de force établis, les animaux s'en souviennent et s'efforcent d'éviter les affrontements sérieux.

SE DONNER BIEN DU MÂLE
Quand deux mammifères mâles se rencontrent, qu'ils soient éléphants ou ours polaires, ils éprouvent le besoin de savoir qui est le plus fort, surtout en présence des femelles.

À L'ÉCOLE DU SUMO
Trompes enlacées, ces deux mâles guettent la moindre faiblesse de l'autre. Comme les lutteurs de Sumo japonais qui ont mis au point des techniques pour surpasser un rival, les éléphants changent de prise, se tordent et tournent la tête, parfois même soulèvent de terre les pattes de devant de l'opposant pour tenter de l'acculer à la défaite.

Glande temporale

Les femelles en chaleur s'accouplent avec les mâles en période de rut.

DANGER, MÂLES EN RUT
Vers l'âge de 25 ans, le mâle commence à entrer chaque année dans une période de comportement agressif et dangereux, durant laquelle il arpente son territoire la tête haute, les défenses dressées et les oreilles écartées, à la recherche de femelles en chaleur. Une épaisse sécrétion, provenant de sa glande temporale (une petite ouverture située entre l'œil et l'oreille), alerte les autres mâles qui évitent alors de se mesurer avec lui, car, dans cet état, il est imprévisible. Durant cette période de «musth», le mâle prend des risques qui peuvent consolider sa position sociale.

JOUTES INDIENNES
En Inde, les miniatures peintes sont une forme d'art populaire et de grande valeur en collection. Plutôt que de décrire une scène, elles racontent une histoire. Celle-ci, datant du XVIIIᵉ siècle, représente les sports royaux de Mughal, à Agra dans le nord-ouest du pays, qui comportaient des combats d'éléphants organisés. Pressés l'un contre l'autre par leurs conducteurs, les animaux combattaient plus durement que dans un affrontement normal, mais sans l'intensité de deux mâles en rut.

SI TU ME CHERCHES...
Placides créatures en temps normal, les éléphants sont impressionnants quand ils sont en colère. A l'approche d'un rival, un mâle interrompt son occupation, relève la tête et écarte les oreilles (probablement gronde-t-il mais souvent sur un ton trop bas pour que nous puissions l'entendre). Puis, les deux mâles se font face et se tournent autour, chacun guettant l'occasion de prendre l'avantage sur l'autre, secouant parfois la tête et barrissant. Le plus lourd a des chances de l'emporter.

À CHAQUE TAILLE SON ÂGE
Parmi les mammifères, les éléphants ont ceci de particulier qu'ils grandissent toute leur vie, mais leur croissance se ralentit une fois la maturité sexuelle atteinte. Dans la nature, on peut donc calculer leur âge en comparant leur hauteur au garrot. Ces mâles en train de s'abreuver sont tous d'âges différents.

Les jeunes mâles de ce groupe apprennent probablement beaucoup de leurs aînés aux longues défenses, mais ils ne développent pas de liens sociaux aussi puissants que dans les troupeaux de femelles.

ILS COMMUNIQUENT SIX SUR CINQ

Les éléphants communiquent avec tous leurs sens. La position des oreilles ou de la trompe traduit leur humeur. L'odorat les renseigne sur l'état de santé ou les dispositions sexuelles d'un congénère. Le toucher véhicule aussi certaines informations tout comme la vision, mais le sens le plus utilisé par les éléphants est l'ouïe. Leur champ de vocalisations s'étend de cris très aigus à des grondements très graves, mais on ignora longtemps à quelle fréquence ils pouvaient descendre. En 1984, une scientifique américaine décela chez des éléphants d'Asie, dans un zoo de l'Oregon, un mode de perception supplémentaire alors qu'elle n'entendait rien. Elle découvrit que les deux tiers de leurs vocalisations sont des infrasons dont les fréquences sont trop basses pour être détectées par l'oreille humaine. Extrêmement développées, les oreilles abritent donc une ouïe très fine ; mais lorsqu'elles sont largement écartées, elles deviennent alors une arme dissuasive destinée à décourager l'attaque d'un adversaire.

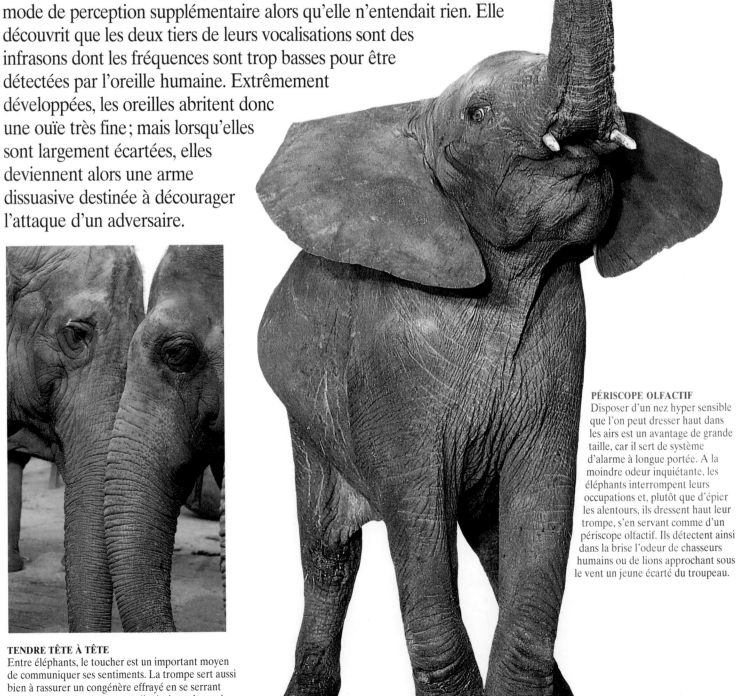

Trompe dressée en «périscope», l'animal renifle l'air pour détecter les odeurs.

TENDRE TÊTE À TÊTE
Entre éléphants, le toucher est un important moyen de communiquer ses sentiments. La trompe sert aussi bien à rassurer un congénère effrayé en se serrant contre lui et en le caressant, qu'à réprimander un jeune en le frappant. Au repos, les copains se tiennent tête à tête, comme ces deux éléphants d'Asie.

PÉRISCOPE OLFACTIF
Disposer d'un nez hyper sensible que l'on peut dresser haut dans les airs est un avantage de grande taille, car il sert de système d'alarme à longue portée. A la moindre odeur inquiétante, les éléphants interrompent leurs occupations et, plutôt que d'épier les alentours, ils dressent haut leur trompe, s'en servant comme d'un périscope olfactif. Ils détectent ainsi dans la brise l'odeur de chasseurs humains ou de lions approchant sous le vent un jeune écarté du troupeau.

EMBRASSADES

Des éléphants qui se rencontrent se livrent à une cérémonie élaborée, enlaçant leurs trompes, se reniflant mutuellement la face et le corps, semblant «goûter» le souffle et la salive de l'autre avec des grondements de «salutation». C'est un échange à la fois olfactif, gustatif, sonore et tactile. On ignore ce que chaque éléphant apprend exactement de l'autre de cette manière.

MESSAGES ODORANTS

Comme les chiens, les éléphants manifestent un grand intérêt pour l'urine. Lorsqu'une femelle est en chaleur, son urine a une odeur légèrement différente. Les mâles inhalent cette senteur, puis recourbent leur trompe vers l'intérieur de leur bouche pour la souffler vers une petite cavité de leur palais, appelée organe de Jacobson. Celle-ci détecte si la femelle est ou non prête à s'accoupler.

Les oreilles écartées ne sont que de l'intimidation.

JE TE TIENS, TU ME TIENS...

Pour se rassurer, les jeunes éléphants ont besoin d'être en contact tactile avec leur mère (ou un proche parent) à chaque instant. Parfois, ils attrapent sa queue, comme les éléphants de cirque sont entraînés à le faire.

APPELS LONGUE DISTANCE

Les appels infrasoniques des éléphants peuvent être perçus par d'autres éléphants à des distances d'au moins 8 km. En filmant leur comportement et en enregistrant simultanément ces cris avec des appareils spéciaux, on a pu identifier différentes émissions sonores pour différentes occasions.
Ce mâle immobile écoute les bruits de la savane; peut-être a-t-il capté les grondements lointains d'une femelle en chaleur ou le défi lancé par un autre mâle en rut.

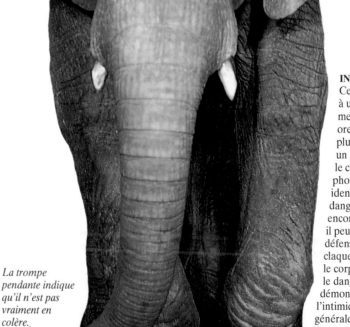

La trompe pendante indique qu'il n'est pas vraiment en colère.

INTIMIDATION

Ce jeune mâle se livre à une démonstration menaçante : il écarte les oreilles pour paraître plus gros afin d'effrayer un autre animal – dans le cas présent le photographe – qu'il identifie comme dangereux. Pour être encore plus dissuasif, il peut aussi relever ses défenses, secouer la tête, claquer des oreilles contre le corps et avancer vers le danger. De telles démonstrations sont de l'intimidation et ne vont généralement pas jusqu'à l'attaque. Mais si l'animal charge trompe enroulée vers l'arrière en position de sécurité, oreilles plaquées et tête baissée, il s'agit alors d'une attaque réelle.

L'ÉLÉPHANTEAU PREND TOUT SON TEMPS

La reproduction des éléphants est un processus lent : il faut presque deux ans au fœtus pour se développer dans le ventre de la mère qui ne pourra s'accoupler de nouveau qu'une fois son petit sevré. Elle ne donne donc naissance qu'à peu près tous les quatre ans. Le meilleur mâle dominant se trouvant souvent à des kilomètres de distance, la femelle doit pouvoir lui faire savoir lorsqu'elle est en chaleur. Elle l'attire grâce à des messages à la fois odorants et sonores et, lorsqu'il est en vue, par son comportement. Si la nourriture est abondante toute l'année, elle peut mettre bas à tout moment. Mais dans les régions où la nourriture est rare, à la saison sèche, la plupart des naissances ont lieu durant la saison humide qui assure aux femelles une subsistance suffisante pendant la période d'allaitement. Gros mangeur, l'éléphant grandira jusqu'à sa mort.

UN BIEN GROS BÉBÉ
Au terme des 22 mois passés dans le ventre de sa mère, un nouveau-né pèse déjà plus que le poids moyen d'un homme adulte! Les bébés femelles pèsent de 90 à 100 kg, les mâles, qui tendent à être plus lourds, atteignent 120 kg.

Les petits sont très poilus, comme on peut le voir sur cet éléphant d'Asie de cinq semaines.

Les jeunes éléphants ont une trompe relativement courte, comparée à la taille de leur corps.

Le bout retombe parce que le petit ne peut pas encore contrôler ses muscles.

CURIEUX, SI JE NE ME TROMPE !
Un éléphanteau est très curieux de ce qui l'entoure et explore tout avec sa trompe. Malheureusement, il ne sait pas contrôler cette chose élastique qui pend de son nez et qui remue lorsqu'il secoue la tête. Il lui faut des mois de pratique avant de pouvoir en faire exactement ce qu'il veut. Celui-ci tente d'atteindre quelque chose pour sentir.

LE SOUTIEN DE CHACUNE
Au bout d'une demi-heure de vie, un bébé éléphant doit normalement se tenir debout, soutenu par les pattes et la trompe de sa mère. Celle-ci est souvent elle-même aidée pendant la mise bas par une femelle plus âgée et plus expérimentée. Au début, le bébé reste très près, collé à sa mère ou bien calé entre ses pattes de devant. Toutes les femelles du troupeau viennent ensuite sentir le nouveau venu, grognant d'excitation et le palpant partout.

Un bébé d'éléphant d'Asie âgé d'un jour s'appuie sur sa mère pour se soutenir.

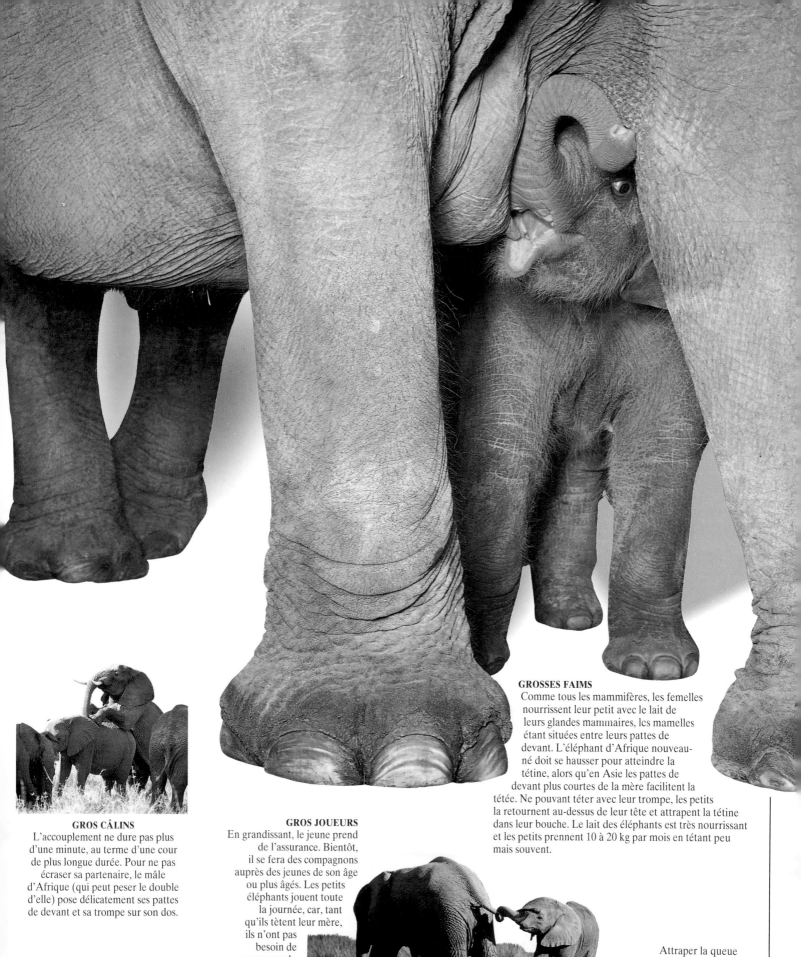

GROSSES FAIMS
Comme tous les mammifères, les femelles nourrissent leur petit avec le lait de leurs glandes mammaires, les mamelles étant situées entre leurs pattes de devant. L'éléphant d'Afrique nouveau-né doit se hausser pour atteindre la tétine, alors qu'en Asie les pattes de devant plus courtes de la mère facilitent la tétée. Ne pouvant téter avec leur trompe, les petits la retournent au-dessus de leur tête et attrapent la tétine dans leur bouche. Le lait des éléphants est très nourrissant et les petits prennent 10 à 20 kg par mois en tétant peu mais souvent.

GROS CÂLINS
L'accouplement ne dure pas plus d'une minute, au terme d'une cour de plus longue durée. Pour ne pas écraser sa partenaire, le mâle d'Afrique (qui peut peser le double d'elle) pose délicatement ses pattes de devant et sa trompe sur son dos.

GROS JOUEURS
En grandissant, le jeune prend de l'assurance. Bientôt, il se fera des compagnons auprès des jeunes de son âge ou plus âgés. Les petits éléphants jouent toute la journée, car, tant qu'ils tètent leur mère, ils n'ont pas besoin de consacrer du temps à la recherche de nourriture.

Attraper la queue de son cousin est un bon exercice pour s'entraîner à contrôler sa trompe.

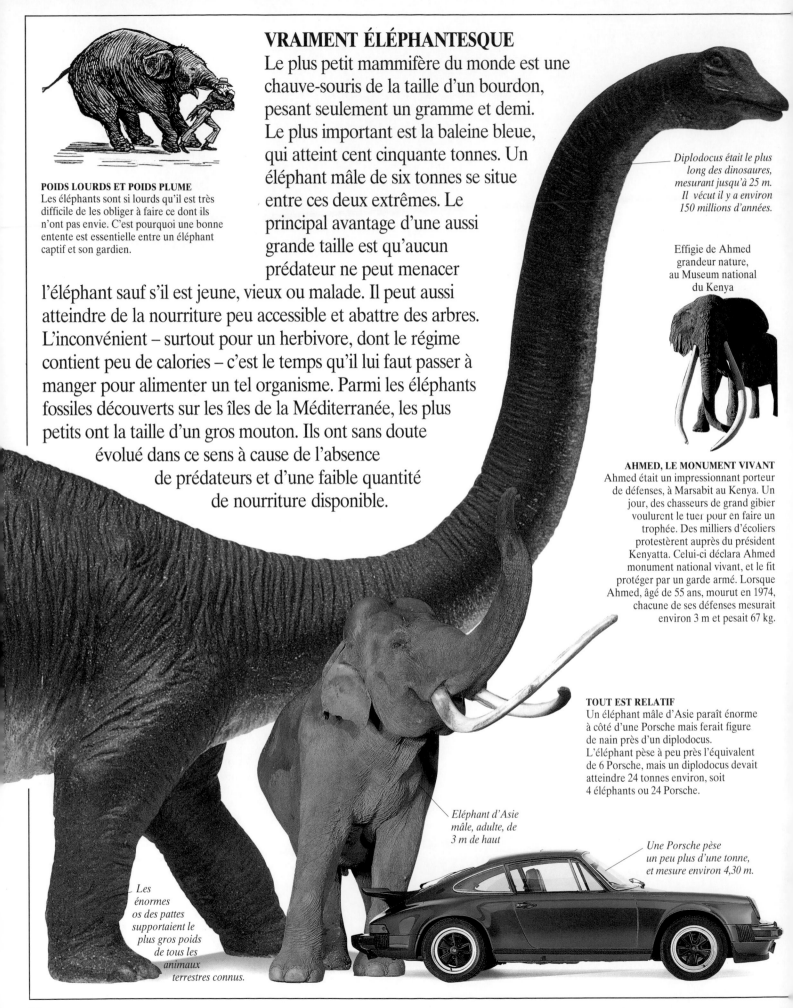

VRAIMENT ÉLÉPHANTESQUE

Le plus petit mammifère du monde est une chauve-souris de la taille d'un bourdon, pesant seulement un gramme et demi. Le plus important est la baleine bleue, qui atteint cent cinquante tonnes. Un éléphant mâle de six tonnes se situe entre ces deux extrêmes. Le principal avantage d'une aussi grande taille est qu'aucun prédateur ne peut menacer l'éléphant sauf s'il est jeune, vieux ou malade. Il peut aussi atteindre de la nourriture peu accessible et abattre des arbres. L'inconvénient – surtout pour un herbivore, dont le régime contient peu de calories – c'est le temps qu'il lui faut passer à manger pour alimenter un tel organisme. Parmi les éléphants fossiles découverts sur les îles de la Méditerranée, les plus petits ont la taille d'un gros mouton. Ils ont sans doute évolué dans ce sens à cause de l'absence de prédateurs et d'une faible quantité de nourriture disponible.

POIDS LOURDS ET POIDS PLUME
Les éléphants sont si lourds qu'il est très difficile de les obliger à faire ce dont ils n'ont pas envie. C'est pourquoi une bonne entente est essentielle entre un éléphant captif et son gardien.

Diplodocus était le plus long des dinosaures, mesurant jusqu'à 25 m. Il vécut il y a environ 150 millions d'années.

Effigie de Ahmed grandeur nature, au Museum national du Kenya

AHMED, LE MONUMENT VIVANT
Ahmed était un impressionnant porteur de défenses, à Marsabit au Kenya. Un jour, des chasseurs de grand gibier voulurent le tuer pour en faire un trophée. Des milliers d'écoliers protestèrent auprès du président Kenyatta. Celui-ci déclara Ahmed monument national vivant, et le fit protéger par un garde armé. Lorsque Ahmed, âgé de 55 ans, mourut en 1974, chacune de ses défenses mesurait environ 3 m et pesait 67 kg.

TOUT EST RELATIF
Un éléphant mâle d'Asie paraît énorme à côté d'une Porsche mais ferait figure de nain près d'un diplodocus. L'éléphant pèse à peu près l'équivalent de 6 Porsche, mais un diplodocus devait atteindre 24 tonnes environ, soit 4 éléphants ou 24 Porsche.

Eléphant d'Asie mâle, adulte, de 3 m de haut

Une Porsche pèse un peu plus d'une tonne, et mesure environ 4,30 m.

Les énormes os des pattes supportaient le plus gros poids de tous les animaux terrestres connus.

MANQUE DE PEAU POUR L'ÉLÉPHANT

Les petits animaux, comme les souris, ont du mal à conserver leur chaleur par temps froid, et les éléphants à se refroidir par temps chaud (pp. 28-29). Pour bien comprendre cela, il faut comparer la surface de peau de chaque animal au volume de son organisme. Comparée à son poids, la surface totale du corps d'une souris est bien plus grande que celle d'un éléphant. Le résultat est que la chaleur corporelle d'une souris se dissipe bien plus vite que celle d'un éléphant et qu'elle a beaucoup de mal à conserver sa température interne. C'est pour compenser cette perte constante de calories que les petits animaux mangent, proportionnellement, beaucoup plus que les grands. Le cas du zèbre se situe entre ces deux extrêmes.

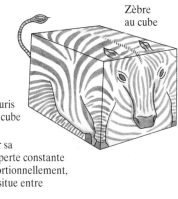

Zèbre
au cube

Souris
au cube

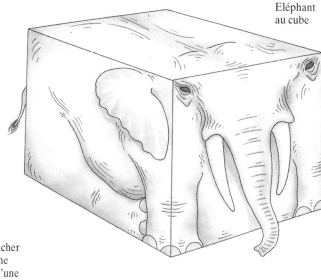

Eléphant
au cube

BÛCHERONS AU TRAVAIL

Grâce à sa grande taille, l'éléphant peut arracher sa nourriture au sommet des arbres : en pleine extension, il atteint des points plus élevés qu'une girafe. Et si la nourriture convoitée est vraiment hors de portée, il secoue l'arbre pour faire tomber les fruits mûrs (ce qui profite à d'autres frugivores plus petits), ou bien, simplement, il casse une branche ou abat l'arbre pour manger les feuilles et les tiges.

LA LOI DU PLUS FORT

Son statut de plus gros animal terrestre vivant fait que presque aucun animal ne vient disputer sa nourriture à un éléphant. Celui-ci menace un buffle pour le chasser d'un affleurement salé dont il se réserve l'usage.

ÉLÉPHANTS SYMBOLES

Réputé pour sa taille et sa sagesse, l'éléphant symbolise des qualités humaines : c'est un terme de grand respect pour le peuple zoulou et l'emblème du parti républicain aux Etats-Unis. De nos jours, de nombreux pays africains représentent sur leur monnaie des éléphants vivants. Salutaire changement d'attitude : les anciennes images de défenses coupées suggéraient qu'un éléphant n'a de valeur que mort.

LE DÉJEUNER EST SERVI

Ce menu typique d'un éléphant de zoo peut sembler abondant mais il ne représente que 4 % de son poids. Les gros animaux ont un métabolisme basal (quantité d'énergie utilisée par kilo et par heure) assez bas. Le cœur d'un éléphant ne bat que 28 fois par minute et nécessite proportionnellement moins d'énergie que celui des petits animaux. Une souris a un métabolisme basal très élevé (son cœur bat 500 fois par minute) et doit manger environ 50 % de son poids de nourriture par jour.

Dans la nature, les éléphants mangent une plus grande variété de végétaux et, dans la plupart des cas, une plus forte proportion d'écorce, de feuilles et de branches.

ÉLÉFANTAISIE
L'éléphant est très souvent le héros d'histoires et de dessins animés où on le représente habillé, doué de parole, sage et cultivé, comme dans cette illustration du XIXᵉ siècle.

UNE MÉMOIRE RÉPUTÉE

L'expression «avoir une mémoire d'éléphant» n'est pas exagérée : les éléphants ont réellement une mémoire remarquable. Dans la nature, ils semblent capables de se souvenir de dizaines, peut-être de centaines de congénères pendant des années, dont certains rencontrés seulement occasionnellement. Il est vrai qu'ils ont développé un très gros cerveau. Un mâle adulte possède le plus gros de tous les animaux terrestres, 6 600 cm³, un cerveau humain adulte atteignant 1 350 cm³ en moyenne. Mais il est important de considérer cette taille par rapport à celle du corps : le cerveau humain représente environ 2 % du poids total du corps, celui de l'éléphant seulement 0,1 %.

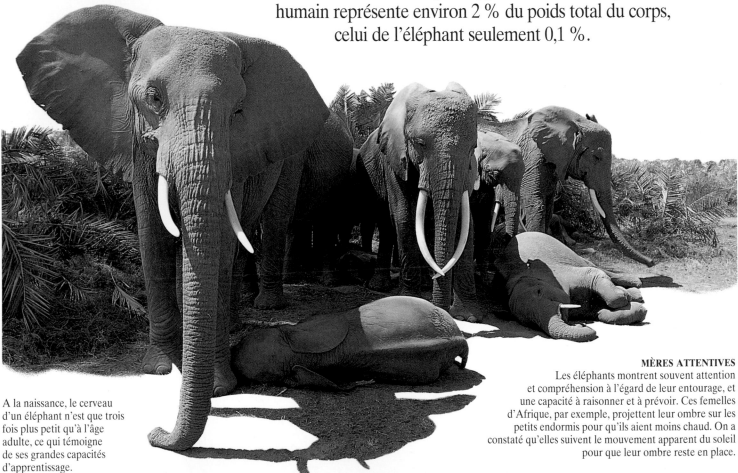

A la naissance, le cerveau d'un éléphant n'est que trois fois plus petit qu'à l'âge adulte, ce qui témoigne de ses grandes capacités d'apprentissage.

MÈRES ATTENTIVES
Les éléphants montrent souvent attention et compréhension à l'égard de leur entourage, et une capacité à raisonner et à prévoir. Ces femelles d'Afrique, par exemple, projettent leur ombre sur les petits endormis pour qu'ils aient moins chaud. On a constaté qu'elles suivent le mouvement apparent du soleil pour que leur ombre reste en place.

ELEANOR LA MALIGNE
Eleanor est un éléphant femelle du Kenya qui fut très tôt orpheline. Elle a été élevée par Daphné Sheldrick, une mère adoptive pour animaux, parmi des buffles, des rhinocéros et des zèbres : les célèbres «Orphelins de Tsavo». Elle apprit vite à ouvrir la porte de la grange, où était entreposée la nourriture, et à ouvrir les robinets. Aujourd'hui, Eleanor passe presque tout son temps avec des éléphants sauvages mais rend souvent visite à sa mère nourricière et contribue de son plein gré à réintroduire d'autres éléphants orphelins dans la nature.

Les éléphants, comme les singes, savent utiliser des outils et ouvrir une porte sans aucune difficulté.

Une fois à l'intérieur, Eleanor se gave dans les réserves interdites d'avoine et de foin.

STARLET À L'ORDINATEUR

Des scientifiques ont entraîné Starlet, un éléphant d'Afrique du zoo d'Atlanta, aux Etats-Unis, à utiliser un ordinateur. En la récompensant quand elle déplace le curseur dans certaines directions, ils étudient ses capacités à apprendre le sens de symboles et à les utiliser.

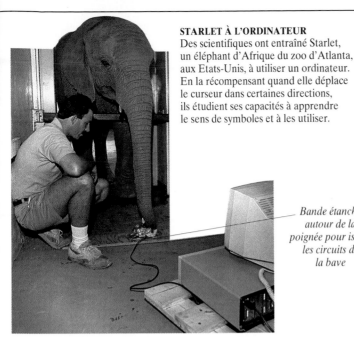

Bande étanche autour de la poignée pour isoler les circuits de la bave

TRAVAIL D'ARTISTE

Un critique pourrait présenter ceci comme une audacieuse création d'art moderne. Mais peut-on parler d'art si l'auteur est un éléphant? Certains le pensent apparemment puisque des œuvres comme celle-ci, effectuée par Starlet, atteignent des centaines de dollars lors de ventes au profit des zoos.

UN GÉANT DU GÉNIE

Les éléphants apprennent vite à effectuer une tâche qu'on leur assigne. Une fois qu'ils connaissent le travail, ils n'ont guère besoin d'être guidés et sont même connus pour avoir signalé des erreurs commises par leur cornac, ou conducteur. Un officier anglais, en Birmanie durant la Seconde Guerre mondiale, écrivit : «L'éléphant entraîné n'était pas un simple animal de trait, mais vraiment un sapeur expérimenté» (un sapeur est un ingénieur du génie dans l'armée de terre).

ÉLÉFANTASTIQUE

On a parfois vu des éléphants captifs ramasser une pierre ou un bâton et s'en servir pour tracer quelque chose sur le sol de leur enclos. On ignore s'il s'agit là de l'expression d'une capacité artistique, mais certains zoos ont commencé à organiser pour leurs éléphants des séances de peinture. Ici, Starlet tient entre les doigts de sa trompe une brosse dont on a scié le manche.

Brosse tenue entre les doigts du bout de la trompe

LE CULTE DES MORTS

Les éléphants sont étrangement fascinés par leurs morts. Quand l'un d'eux meurt, les autres recouvrent parfois son corps de branches, d'herbe et de terre. Devant un cadavre ancien, ils vont sentir les restes, ramasser et disperser les os, séparer les défenses du crâne et parfois les briser. Ils peuvent faire aussi une pause là où un parent a trouvé la mort, même si aucun indice ne subsiste.

AIDE AUX MALADES

Les éléphants se précipitent pour assister un malade ou un blessé. Des chasseurs ont raconté que deux éléphants se tiennent de chaque côté du blessé pour l'aider à se sauver. Les mères incitent, avec leur trompe et leurs pattes, le jeune malade à se lever, et peuvent même transporter sur leurs défenses un bébé trop faible.

POUR QUE LEUR VIE NE MANQUE PAS DE SEL

Si la nourriture nous semble meilleure lorsqu'elle est salée, c'est parce que nous, humains, avons une appétence pour le sel commun. Mais il existe d'autres sels au goût différent. Comme nous, les animaux en ont besoin, car ils sont nécessaires au bon fonctionnement de l'organisme. Il semble que les animaux sachent quand ils disposent d'assez de sel, mais lorsqu'ils en manquent, ils parcourent de longues distances pour s'en procurer. Ainsi, les éléphants goûtent toutes sortes de substances, même la roche et le sol, pour savoir si elles en contiennent. Si l'une d'elles satisfait leur besoin, ils en absorbent et gardent en mémoire le lieu de la trouvaille pour y revenir plus tard. C'est pourquoi les affleurements rocheux riches en sels minéraux sont pour les animaux de véritables pains salés. Cette habitude de manger de la terre est appelée géophagie.

SELS ESSENTIELS
Le sel est un élément essentiel du régime alimentaire de tous les animaux. Celui que nous mettons dans notre nourriture est du chlorure de sodium.

L'éléphant pèse de tout son poids pour creuser la terre de ses défenses.

CHERCHEURS DE SEL
Les éléphants visitent régulièrement les affleurements salés, mais ils ne peuvent pas les lécher aussi facilement que d'autres animaux, car leur langue est trop courte. Le sol ou la roche doivent donc être creusés de la pointe des défenses. Ensuite les morceaux sont portés par la trompe à la bouche où ils sont broyés par les énormes molaires avant d'être avalés. L'éléphant pèse de tout son poids sur ses défenses pour les enfoncer dans le sol; motte après motte, il peut ingurgiter environ vingt-trois kilos de terre salée en une heure.

UN PETIT SALÉ AUX HERBES
Comme tous les herbivores, les zèbres lèchent et grignotent la terre salée pour compenser le manque de sel des plantes qu'ils mangent. Quand un léopard visite un affleurement, c'est seulement pour trouver une proie parmi les «lécheurs». Sa proie contenant déjà des sels minéraux, le prédateur n'a pas besoin d'en rechercher un complément.

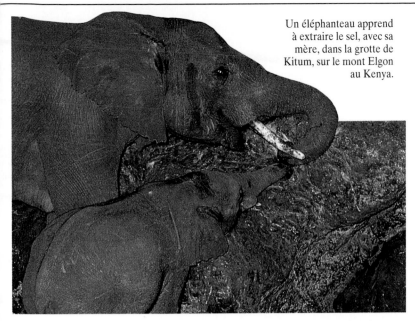

Un éléphanteau apprend à extraire le sel, avec sa mère, dans la grotte de Kitum, sur le mont Elgon au Kenya.

BURINS D'IVOIRE

Une ration de sel peut être cher payée. La roche volcanique du mont Elgon est si dure que de nombreux éléphants s'y usent les défenses, alors réduites à de simples moignons. Ils détachent des morceaux de roc en appliquant sur la pointe de leurs défenses de très fortes pressions, laissant derrière eux des saignées lisses sur les parois.

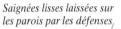

Saignées lisses laissées sur les parois par les défenses

MINEURS DE FOND

Tant que leur mère les allaite, les petits n'ont pas besoin de sel, mais une fois sevrés, ils doivent apprendre où en trouver. C'est pourquoi un éléphant des forêts du mont Elgon (volcan éteint du Kenya) doit suivre sa mère dans des grottes sombres loin sous terre, pour extraire la roche salée. Les éléphants de l'Elgon sont les seuls au monde à utiliser des affleurements souterrains. La grotte de Kitum (ci-dessus et à droite) s'étend sur 160 m dans le flanc de la montagne. Des troupeaux entiers s'y enfoncent, avançant à tâtons, trompe tendue et en file indienne au milieu d'énormes rochers et de profondes et dangereuses crevasses qui leur barrent le passage.

CROQUEURS DE CRISTAUX

En plus des sels, la roche contient divers autres minéraux. Les cristaux blancs sont de la calcite et les fines aiguilles de la natrolite. Il est possible que la natrolite soit également bénéfique aux animaux qui visitent la grotte. Elle appartient en effet à une famille de minéraux appelés les zéolites, qui agissent comme des tonifiants quand on les broie pour les ajouter à leur nourriture.

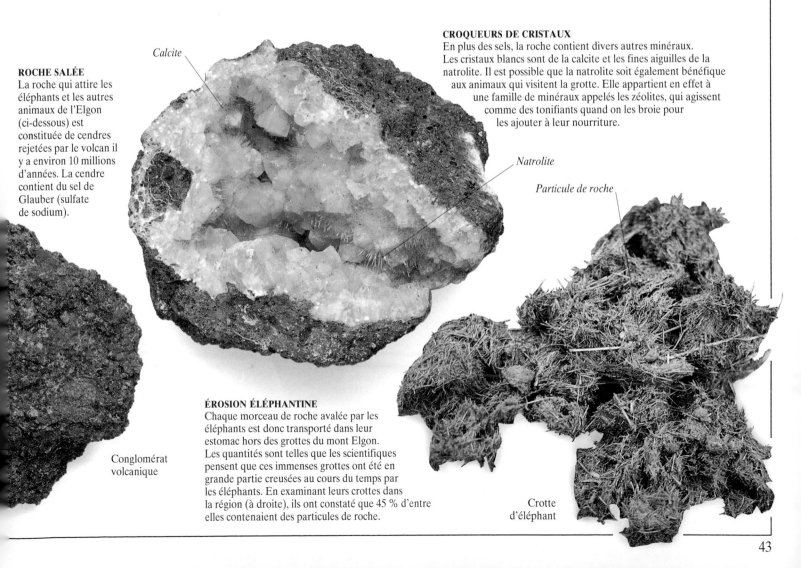

Calcite

ROCHE SALÉE

La roche qui attire les éléphants et les autres animaux de l'Elgon (ci-dessous) est constituée de cendres rejetées par le volcan il y a environ 10 millions d'années. La cendre contient du sel de Glauber (sulfate de sodium).

Natrolite

Particule de roche

Conglomérat volcanique

ÉROSION ÉLÉPHANTINE

Chaque morceau de roche avalée par les éléphants est donc transporté dans leur estomac hors des grottes du mont Elgon. Les quantités sont telles que les scientifiques pensent que ces immenses grottes ont été en grande partie creusées au cours du temps par les éléphants. En examinant leurs crottes dans la région (à droite), ils ont constaté que 45 % d'entre elles contenaient des particules de roche.

Crotte d'éléphant

DES FORCES DE LA NATURE À NOTRE SERVICE

On ne sait quelle était l'espèce du premier éléphant domestiqué mais les éléphants destinés au travail existent depuis longtemps en Asie. On trouve les premières traces de leur domestication dans les sceaux gravés de la civilisation de la vallée de l'Indus, en 1500 av. J.-C. Hannibal (p. 46) utilisa les deux espèces lors de ses campagnes. Néanmoins, depuis la disparition des éléphants du nord de l'Afrique sous l'Empire romain, on ne connaît pas de nouvel exemple d'utilisation de ces animaux sur ce continent avant la fin du XIXᵉ siècle, lorsque les Belges lancèrent au Congo un programme de domestication qui se poursuit au Zaïre. Sous l'Empire britannique, en Inde, en Birmanie et au Siam (Thaïlande), une exploitation forestière à grande échelle employait plusieurs milliers d'éléphants pour l'abattage des tecks.

À BOUT DE TROMPE
L'éléphant transporte facilement les petits troncs du bout de sa trompe puissante.

ROULAGE À LA TROMPE
Les éléphants ne sont pas de bonnes bêtes de somme, car leur dos ne supporte guère plus de 500 kg. Mais dès qu'il s'agit de soulever, pousser ou tirer, ils sont imbattables. Pourtant, leur rôle dans l'industrie du bois a décliné depuis l'avènement du machinisme. Mais les machines modernes, certes plus puissantes, sont souvent inopérantes sur les terrains accidentés où l'éléphant excelle. Ainsi, en Birmanie, ces animaux abattent encore 50 % du teck récolté, et ceci sans détruire le reste de la forêt. Certains pays commencent à revenir à l'éléphant et de nouveaux centres de dressage ont été installés.

Un seul éléphant peut tirer un tronc de plus de quatre tonnes, et l'on harnache parfois deux éléphants ensemble pour tirer des charges plus lourdes encore.

DÉFENSES ÉLÉVATRICES
En dépit des problèmes liés au rut
(pp. 32-33), les mâles sont utilisés autant que les femelles.
Dans les opérations de débardage, ils sont avantagés par
leur plus grande force et par leurs défenses
qui fournissent un moyen de transport
supplémentaire. Un mâle apprend vite
à les glisser, comme une fourche
d'élévateur, sous la charge
à transporter. Utilisant
ensuite sa trompe pour
la maintenir, il déplace
son chargement là
où son conducteur
le guide.

DE SIGNES EN AIGUILLON
Le cornac dirige l'éléphant domestique à
la voix et en faisant des signaux avec les
orteils derrière les oreilles de l'animal.
Le cornac dispose aussi d'un aiguillon
pointu mais dont les pointes sont
rarement utilisées.

Aiguillon de
cérémonie indien, serti
de diamants sur émail,
fabriqué vers 1870

INOUBLIABLE SAFARI AFRICAIN
De nos jours les touristes peuvent
participer à des safaris à dos d'éléphant
en Afrique comme en Inde. Abu, le mâle
photographié ci-contre, vient d'un parc-
safari des Etats-Unis et fut renvoyé par
bateau au Botswana. Il promène les
visiteurs à travers les marais du delta
de la rivière Okavango, ce qui prouve
bien que les éléphants d'Afrique peuvent
être dressés. Aujourd'hui, de nombreux
organisateurs de safaris suivent cet
exemple dans d'autres régions d'Afrique.

CAPTURER UN ÉLÉPHANT
On n'obtient pas d'éléphants domestiques par
reproduction. Les naissances en captivité sont rares et
chaque nouvelle génération doit être capturée dans
la nature et dressée. Jadis, on poussait les individus
sauvages vers un enclos en forme d'entonnoir.
Un homme courageux entrait pour passer une corde
autour de la patte de l'éléphant choisi, tandis que ses
congénères apprivoisés calmaient le nouvel arrivant
effrayé. De nos jours, les éléphants sauvages sont
endormis au fusil hypodermique, attachés et
transportés au centre de dressage; méthode moins
périlleuse, tant pour l'homme
que pour l'animal.

NAVIGUER À DOS DODU
Dans de nombreux parcs nationaux d'Asie, observer la faune à dos
d'éléphant est une expérience qui ne s'oublie pas, particulièrement
quand votre monture décide de traverser une rivière profonde,
comme ici au parc de Kasiranga, en Inde. Certains agents de voyages
africains proposent aussi des safaris à dos d'éléphant.

DES CHARS D'ASSAUT TRÈS SPÉCIAUX

Bien avant Alexandre le Grand, au IVe siècle, des chefs militaires se sont servis d'éléphants comme montures de combat. Qu'y avait-il de plus terrifiant pour un soldat à pied que sa première rencontre avec ces montagnes de muscles mouvantes et barrissantes, dominées par des archers ? L'effet psychologique que produisaient les éléphants de guerre était tout aussi recherché que leur efficacité au combat. Cependant, il fallut se rendre à l'évidence que, n'étant pas agressif, l'éléphant une fois blessé ou en proie à la terreur se sauve en piétinant aussi bien alliés qu'ennemis. C'est pourquoi de nos jours il n'est guère utilisé que dans les conflits de jungle, pour transporter hommes et lourdes charges là où les machines ne peuvent opérer.

ARMURE ÉLÉPHANTINE
Fabriquée en Inde vers 1600, cette armure est le seul exemple connu de cette nature. Elle est constituée de 8 439 plaques de métal se chevauchant, reliées par des maillons et cousues sur un support tissé, pour un poids total de 159 kg. Elle comprenait aussi des sabres pour les défenses et fut acquise par l'épouse du gouverneur de Madras puis rapportée en Angleterre en 1801.

La partie protégeant la tête pèse à elle seule 27 kg.

On sait qu'Hannibal a traversé le Rhône en transportant ses éléphants sur des radeaux.

SURPRISE DE TAILLE DANS LES ALPES
Hannibal (247-183 av. J.-C.) et ses éléphants ont failli conduire l'Empire romain à une chute prématurée durant les guerres puniques. Ce jeune général de Carthage, en Afrique du Nord, devint célèbre en attaquant l'Italie par le nord en 218 av. J.-C., conduisant 40 000 hommes et 38 éléphants par le sud de la France via l'Espagne, puis traversant les Alpes pour prendre les Romains par surprise. Bien qu'inférieures en nombre ses troupes remportèrent plusieurs batailles mais il s'arrêta devant Rome.

ÉLÉPHANT FORTIFIÉ
Cette illustration anglaise du XIIIe siècle représente une tourelle fortifiée fixée sur le dos d'un éléphant. On raconte que Jules César utilisa de tels dispositifs pour envahir l'Angleterre en 54 av. J.-C. La vue d'un éléphant (le premier à poser le pied dans ce pays depuis 10 000 ans) suffit à mettre en fuite les Celtes avec leurs chevaux et leurs chariots, et permit ainsi à l'armée romaine de traverser la Tamise.

ARMÉE DE TABLE
Le thème de «l'éléphant et le château» se retrouve sous de nombreuses formes, comme ici sur ces bougeoirs de l'époque anglaise de la Régence, au début du XIXᵉ siècle.

À L'HONNEUR
Les éléphants apparaissent parfois sur les armoiries, comme sur celles de lord Oliphant ci-contre. On y voit deux éléphants dressés sur leurs pattes de derrière, supportant le blason de cette famille anglaise.

REMORQUEUR D'AVIONS
Durant la Seconde Guerre mondiale, les éléphants ont été utilisés par les alliés, pour tracter les avions sur une base aérienne de l'océan Indien (à droite), ou aider à la construction de centaines de ponts, y compris le fameux pont de la rivière Kwaï en Thaïlande.

Soldats khmers patrouillant au Cambodge

VÉHICULE TOUT TERRAIN
Efficaces transports de guerre, les éléphants servaient aussi de plates-formes mobiles pour la chasse. Ils pouvaient traverser les plus épais fourrés, passer les rivières, franchir des collines pendant que les chasseurs restaient hors de danger, luxueusement installés. Cette peinture représente un dignitaire indien chassant le sanglier à dos d'éléphant en 1855.

PATROUILLEUR DE LA JUNGLE
Véhicules militaires silencieux, aussi à l'aise à travers les collines boisées que sur les routes, fournissant un point de vue élevé lors des patrouilles de reconnaissance mais ne laissant aucune trace de roues, consommant de la végétation et pouvant «refaire le plein» eux-mêmes : pour ces raisons, les éléphants sont encore utilisés de nos jours dans certaines campagnes militaires. Ils se prêtent particulièrement bien aux guérillas dans la jungle et ont servi dans de nombreuses guerres récentes en Asie du Sud-Est.

CHASSE AU TIGRE
De toutes les chasses pratiquées à dos d'éléphant, celle du tigre était la plus prestigieuse. Cette scène datant de l'Empire anglais en Inde, en 1807, est typique des parties qu'organisaient les aristocrates et les officiers de l'époque coloniale.

PRIÈRES POUR UN ÉLÉPHANT

Ce qui est supérieur à l'homme, en taille ou en puissance, a bien souvent été objet de culte. On a dédié des temples au Soleil, à la Lune ou aux monstres mythologiques. Il n'est donc pas surprenant que dans plusieurs religions l'éléphant soit investi de rôles importants. Dans certains cas, l'animal lui-même est déifié, dans d'autres, le dieu ou le prophète se déplacent à dos d'éléphant. Le cas le plus connu est celui du dieu hindou Ganesh qui possède une tête d'éléphant. Les bouddhistes ont de nombreuses croyances relatives à ces animaux. Dans les Jataka (histoires des vies antérieures de Bouddha sur terre), le Tout-Puissant est né dans le ventre d'un éléphant, se déplace sur son dos ou encore est né dans une famille de dresseurs d'éléphants.

Certains bouddhistes croient que toucher cet animal permet d'atteindre l'illumination divine et en élèvent dans leurs monastères.

ÉLÉPHANT BLANC
Il n'existe pas d'éléphants entièrement blancs, mais pendant des siècles, tout éléphant sauvage albinos (ou de couleur pâle) était capturé et amené à la cour du roi du Siam (aujourd'hui la Thaïlande). Là, il était adoré et traité à l'égal du roi, dans une étable-palais. Personne ne montait l'éléphant blanc; même le roi n'en était pas jugé digne.

TU NE VOLERAS PLUS
Une légende indienne décrit des temps anciens où les éléphants pouvaient se déplacer dans le ciel comme sur terre. Un jour qu'un vieil ermite méditait sous un énorme figuier d'Inde, un vol d'éléphants chahuteurs vint briser les branches au-dessus de lui. Lorsqu'une branche lui tomba dessus l'homme perdit patience et, grâce aux pouvoirs de son esprit, il ôta leurs ailes aux éléphants. C'est depuis ce temps qu'ils vont à pied.

PARURES ÉTINCELANTES
La décoration des éléphants est devenue une forme d'art dans de nombreux pays d'Asie et on conserve fréquemment chez soi des figurines colorées comme porte-bonheur. Peints (p. 6) et parés de harnais décoratifs, certains éléphants prennent part aujourd'hui à des processions, couverts de chapelets d'ampoules lumineuses.

PORTEUR DE RELIQUES
Chaque année, le jour de Perahera, à Kandy (Sri Lanka), une relique qui contiendrait une vraie dent de Bouddha est le centre d'une grande parade avec cent éléphants décorés. Elle est transportée par l'animal le plus gros, aux défenses les plus impressionnantes.

QUE DE BRAS !
La plupart des statues de
Ganesh ont quatre bras
mais certaines en ont
jusqu'à 16, chacun tenant
un objet symbolique tel
qu'une fleur de lotus, une
hachette pour couper une
défense, ou le bout d'une
défense cassée avec laquelle
le dieu aurait écrit le
Mahabharata (texte sacré).

*Massue ou aiguillon
pour écarter les
obstacles*

*Nœud
coulant pour
attacher les
ennemis*

*Cette main tenait
sans doute le bout
d'une défense cassée.*

*Coquillage servant
d'instrument à vent*

*Ganesh, qui aimait
manger, est toujours
représenté avec un
gros ventre.*

**GANESH
LE LUMINEUX**
Dans toute l'Inde, chaque
année, des centaines de
statues colorées de Ganesh
sont jetées dans la mer
et les rivières, au
terme d'une fête
de dix jours qui célèbre
sa naissance.

On raconte que la mère
de Ganesh, Parvati, a
trouvé son fils dans sa
main en s'essuyant le
front après avoir pris
un bain.

DIEU TOUT-PUISSANT
Ganesh (ou Ganesa) est le
dieu hindou des étudiants et des
professeurs, celui qui supprime
les obstacles et apporte la bonne
fortune. Les écrits donnent plusieurs
versions de la façon dont Ganesh a
perdu sa tête humaine. L'une dit que
ce serait à cause du terrible caractère de
son père Shiva. Un jour, Ganesh voulut
empêcher Shiva d'entrer dans la chambre
de sa mère Parvati, qui se baignait. Shiva fut
tant en colère qu'il trancha la tête de son fils.
Parvati insistant pour qu'il soit sauvé,
Shiva lui donna la tête du premier
animal qui passait et qui fut un
éléphant. Les gens prient
Ganesh lorsqu'ils
entreprennent un
voyage ou une affaire
professionnelle,
et lors d'examens.

DUR COMME PIERRE
Le culte des éléphants étant très répandu
en Asie, presque tous les temples ou
monuments importants possèdent leurs
frises et statues. Ce temple et
l'éléphant ci-contre furent
sculptés dans le roc
au VIIᵉ siècle à
Mamallapuram, en
Inde, où ils se trouvent
encore de nos jours.

49

QUE LE SPECTACLE COMMENCE!

Dans les cirques ou dans les zoos, les numéros des éléphants ou leur simple présence sont pour nous autant de divertissements. Leur douceur et leur intelligence en font des sujets idéaux pour les dresseurs qui, se basant sur des types de comportement naturel, parviennent à les faire marcher sur les pattes de derrière, se balancer sur de gros ballons, ou même à faire le poirier sur une seule patte de devant, ce qui n'est pas sans danger pour l'animal. Mais nombreux sont ceux qui se demandent s'il est souhaitable de contraindre un mammifère social intelligent à de telles exhibitions pour notre seul plaisir. Maintenant que les éléphants sont en danger de disparition, ne serait-il pas préférable de nous préoccuper de leur reproduction?

COURSES D'ÉLÉPHANTS
Les éléphants sont utilisés en différents pays du monde dans toutes sortes de compétitions sportives, telles que polo, football, tir à la corde et courses, comme ici en Allemagne.

IMMORTEL JUMBO
Le plus célèbre des éléphants est sans doute Jumbo, un mâle d'Afrique qui a vécu au zoo de Londres de 1865 à 1882 et qui fit longtemps faire aux enfants des tours sur son dos.

CRUELLEMENT CONDITIONNÉ
Cet éléphant d'Asie, qui vit dans un zoo anglais, peut adopter cette position sur commande. On le lui demande rarement désormais, mais c'est un souvenir de ses jeunes années passées dans un cirque. Il ne s'agit que d'un comportement naturel qu'il a été entraîné à effectuer à la demande : dans la nature, les éléphants en font autant pour creuser le sol à la recherche de sels minéraux (p. 42). Ce n'est donc pas le tour en lui même qui est cruel mais le fait qu'il ait passé la plus grande partie de sa jeune vie enchaîné, nuit et jour, dans un camion ou sous une tente.

«GRANDES-OREILLES» À LA RESCOUSSE

Dans les romans de E. R. Burroughs, Tarzan s'est fait un ami de Tantor l'éléphant. Mais quand les premiers films furent réalisés, il n'existait aucun éléphant d'Afrique dressé. A Hollywood, on résolut le problème en collant de grandes oreilles sur un éléphant d'Asie !

Dans cette scène, Tarzan est sauvé par une «nouvelle espèce» d'éléphant.

L'ÉLÉPHANT ET LES ENFANTS

«É comme Éléphant» : c'est ce que les tout-petits apprennent à l'école. Leurs livres sont remplis d'éléphants tels que Ephalant, dans les aventures de Winnie l'Ourson (ci-contre) ainsi que Dumbo, Babar (créé dans les années 1930 par Jean de Brunhoff) et bien d'autres.

SOUS LE GRAND CHAPITEAU

Les éléphants font partie du cirque depuis ses débuts, sous l'Empire romain. Des générations d'enfants se sont émerveillées de leur taille, de leur force et de leur adresse. Mais mieux on connaît la complexité du comportement de l'éléphant sauvage et la richesse de la vie sociale du troupeau, plus on est gêné de voir le sort qu'on lui réserve dans les cirques, où ses besoins biologiques sont loin d'être satisfaits.

Les dresseurs disent que réaliser des tours est un bon exercice pour l'éléphant et une stimulation mentale qui trompe l'ennui de la vie en captivité.

POINTES DE DRESSAGE

Un éléphant étant 60 à 100 fois plus lourd qu'un homme, il est essentiel de pouvoir le contrôler. Presque tous les dresseurs utilisent un aiguillon, solide bâton dont le bout est muni de deux pointes en métal, l'une droite, l'autre recourbée. Il sert à faire accélérer l'animal dans ses déplacements, ou à l'arrêter. Ces pointes sont peu utilisées et ne doivent jamais faire couler le sang de l'animal.

LE BÉBÉ IMPOSSIBLE

Dans les zoos, les jeunes éléphants attirent le public. Pourtant, le petit Motty aurait pu ne jamais exister, car sa mère venait d'Asie et son père d'Afrique. Au zoo de Chester, en Grande-Bretagne, les deux espèces avaient été conservées dans le même enclos, dans l'espoir qu'elles écriraient une page de l'histoire zoologique. Mais leur petit est mort à dix jours et le zoo ne conserve plus aujourd'hui que des éléphants d'Asie.

FIGURES D'ARTISTES

Aux quatre coins du monde, l'image de l'éléphant se retrouve dans presque tous les domaines de l'art. Depuis les premières peintures rupestres jusqu'aux écoles d'art moderne du XXe siècle, les artistes ont tenté d'exprimer leur vision des formes et de la puissance éléphantines. Les sculpteurs en ont créé de toutes tailles et dans toutes sortes de matériaux, y compris l'ivoire des défenses de leur sujet. En Asie, grâce à la domestication, même les travaux les plus anciens fournissent des représentations assez précises. En Europe, en revanche, la forme fantaisiste de la trompe et des pattes indique que les artistes s'inspiraient de descriptions indirectes d'un animal qu'ils n'avaient jamais vu. De nos jours, l'éléphant d'Afrique reste l'un des sujets de prédilection des artistes naturalistes, et d'énormes sommes d'argent ont été réunies pour sa protection grâce à la vente de leurs œuvres.

PREMIERS ARTISTES
Certains affirment que l'art est né lorsque des chasseurs de l'âge de pierre gravèrent la silhouette de leurs proies sur les parois des grottes, peut-être pour augmenter leurs chances de succès à la chasse. Est-ce pour cela que les Bushmen de Namibie ont laissé cet éléphant sur la roche de Twyfelfontein ?

INCROYABLE CARGAISON
Les éléphants nous sont aujourd'hui si familiers qu'il est difficile d'imaginer l'incrédulité des peuples de jadis quand les voyageurs en ramenèrent pour la première fois dans nos pays. Cette peinture représente l'explorateur vénitien du XIIIe siècle, Marco Polo, arrivant dans le golfe de Perse avec des éléphants et des chameaux.

ÉLÉPHANT DE SOIE
Hiroshi Yoshida (1876-1950) fut le dernier graveur sur bois japonais traditionnel. Il voyagea beaucoup en Asie et nous a laissé cette superbe impression, qu'il réalisa en Inde. Malgré son sens du détail, il a quelque peu exagéré la taille de l'animal.

Essayez de retrouver les sept dieux-singes qui constituent cette silhouette d'éléphant.

SEPT SINGES POUR UN ÉLÉPHANT
Ce remarquable éléphant, taillé dans de la peau de buffle d'eau pressée et découpée, est composé de sept singes à l'effigie du dieu hindou Hanuman.

Comme une ombre chinoise, les trous découpés dans la peau projettent leur forme sur le support, derrière l'éléphant.

L'ÉLÉPHANT DE REMBRANDT
Le peintre hollandais Rembrandt (1606-1669), plus connu pour ses portraits, réalisa aussi des milliers de croquis sur de nombreux sujets dont celui-ci, qui fut l'un des premiers éléphants vus à Amsterdam. A une époque où les illustrateurs d'histoire naturelle dessinaient des éléphants très imprécis, il parvint à représenter par le fusain l'espèce asiatique dans ses particularités.

DES ÉLÉPHANTS SUR LE TOIT
Aujourd'hui encore en Chine, le toit des édifices importants, tels que les temples et les salles de réunions de villages, est souvent orné de statuettes décoratives. Cet exemple est probablement originaire de Formose (Taïwan).

RICHES CÉLÉBRATIONS
Les éléphants jouent un rôle important dans de nombreuses cérémonies hindoues. Ils sont décorés de plaques faciales ornées de joyaux et transportent une plate-forme, ou *howdah*, également ornée et surmontée d'ombrelles appelées *kudas*. La figurine ci-contre est faite de fils de cuivre enroulés et soudés puis garnis d'argile noire.

LE DESCRIPTIF DE NAGASAKI
Voici une gravure du XVIᵉ siècle de l'un des premiers éléphants vus au Japon. Il est rare que de telles gravures comportent un texte, mais ici l'artiste a jugé nécessaire d'expliquer ce qu'était l'éléphant à un public qui ne savait rien de l'animal.

La figurine assise se place ici.

L'ÉLÉPHANT DE SERVICE
Cet éléphant d'Asie en cuivre est une sonnette de table du XIXᵉ siècle, servant probablement à appeler les serviteurs. Le mécanisme se trouve dans la tête et se déclenche lorsque l'on appuie sur les défenses en imitation d'ivoire.

PORTEUR D'ENCENS
Le corps de cet éléphant en bronze chinois antique est creux. Rempli de sable, on y plante des bâtons d'encens qui brûlent durant les cérémonies religieuses.

L'OR BLANC EST TACHÉ DE SANG

Très tôt l'homme a songé à utiliser l'ivoire pour fabriquer des outils mais aussi pour réaliser des œuvres d'art : ces Vénus aurignaciennes, sculptées dans les défenses de mammouth remontent à quelque vingt-sept mille ans. Depuis, la demande n'a cessé d'augmenter. Jusqu'à l'invention du plastique, l'ivoire a servi à toutes sortes de fabrications, des instruments de musique et manches de couteaux aux isolateurs électriques et boules de billard. Certes, il s'agit d'un matériau magnifique, doux et lisse au toucher, facile à travailler mais résistant. Si l'on s'était contenté de collecter la matière brute sur des éléphants morts de vieillesse, et dont les défenses atteignent alors leur taille maximale, qui aurait pu s'y opposer ? Malheureusement, la quête de l'or blanc a fait couler plus de sang – celui de l'homme tout comme celui de l'éléphant – que celle de n'importe quel autre matériau.

Claquette d'ivoire égyptienne de 1430 av. J.-C.

TRIBUT D'IVOIRE
Sur ce détail d'un obélisque du IXe siècle av. J.-C., des hommes portent des défenses en tribut à un roi assyrien.

TRAVAIL D'ESCLAVES
En Afrique, avant que les routes et le chemin de fer n'existent, certains marchands attaquaient les villages, volaient l'ivoire et forçaient les habitants à porter les défenses jusqu'à la côte. Là, ils vendaient leurs captifs comme esclaves.

Certains marchands échangeaient de simples verroteries et tissus contre l'ivoire, et payaient des porteurs pour le transporter.

IVOIRE SACRÉ
On trouve beaucoup d'ivoires sculptés dans les églises. Ce diptyque médiéval (pièce constituée de deux tableaux réunis) date de 400 apr. J.-C. Sur l'une des faces, un important personnage, déifié, est assis sur un chariot funéraire tiré par des éléphants.

L'un des panneaux du diptyque

SIÈGE D'OR BLANC
L'usage de l'ivoire pour confectionner de gros objets tels que des pièces de mobilier était réservé aux souverains : on dit que le roi Salomon s'asseyait sur un trône d'ivoire; on en donna un à la reine Victoria en 1851. Mais l'ivoire était plus communément utilisé en placage fin, incrusté dans le bois pour réaliser de fines marqueteries qui firent la renommée des artisans indiens. Ce fauteuil tournant de Vizagaptam, dans l'est de l'Inde, date du début du XVIIIe siècle.

Combien d'éléphants sont morts pour alimenter le commerce de ce fabricant de boules de billard?

BOULES DE BILLARD
Durant le XIXe et le début du XXe siècle, le développement du billard a accru la demande en ivoire pour la fabrication des boules. Les défenses longues et fines des femelles étaient considérées comme les meilleures pour obtenir des boules équilibrées. Jusqu'à l'invention d'un plastique adéquat, des milliers d'éléphants mouraient chaque année pour fournir les salles de jeu d'Europe et d'Amérique.

DE RICHES BARRETTES
Magnifiques sculptures miniatures, les *netsuke* japonais servaient à l'origine de barrettes de cordons de bourse, que l'on fixait à la ceinture du kimono. En ivoire, elles sont devenues objets de collection. Cette demande, jointe à celle encore plus forte de hankos (sceaux de signature), a fait du Japon le plus gros consommateur d'ivoire avant que son commerce ne soit interdit (p. 56).

Cette netsuke *représente le vieil homme qui, selon une légende japonaise, fait fleurir les cerisiers.*

AU SON DE L'IVOIRE
Souvent, seules de petites pièces d'instruments de musique étaient fabriquées en ivoire, comme les jeux d'orgues d'église, le placage des touches blanches de piano et les joints de cette cornemuse écossaise.

UNE DÉFENSE DE TROP
Cette défense achetée comme souvenir de vacances en Afrique, a été confisquée à la douane. Le touriste qui la rapportait ignorait peut-être que c'est désormais illégal. D'après sa forme, on peut déduire qu'elle appartenait à un jeune mâle de 10-20 ans, certainement tué par des braconniers. Lorsqu'on cessera d'acheter de tels objets, le braconnage disparaîtra.

Le cachalot est la plus grosse des baleines à dents.

Dents acérées, sur la mâchoire inférieure seulement

Gravées, les dents de cachalot ressemblent à de l'ivoire d'éléphant.

OUVRAGE DE MARIN
Sur les baleiniers des XVIIIe et XIXe siècles, les marins gravaient des images de bateaux à voiles ou de baleines sur la surface polie des dents de cachalot, avec un couteau de poche ou une aiguille de voilier.

GROSSES DENTS
Les dents des morses, hippopotames, narvals et de différents sangliers africains présentent un certain intérêt, mais seuls les éléphants produisent de l'ivoire exploitable. Pourtant, malgré l'interdiction du commerce de l'ivoire, le braconnage des morses a augmenté en Alaska.

Les morses déterrent les coquillages avec leurs défenses.

Traditionnellement, les Esquimaux gravaient les défenses de morse, canines hypertrophiées atteignant 1 m.

UN ÉLÉPHANT DANS UN MAGASIN DE SOUVENIRS

La loi interdisant le commerce international de l'ivoire entra en vigueur en 1989, lorsque l'éléphant d'Afrique fut classé, aux côtés de celui d'Asie, à l'annexe 1 de la convention de Washington, signée par plus de cent quinze pays. Celle-ci limite ou interdit le commerce international des espèces animales et végétales menacées, sous quelque forme que ce soit. En effet, les estimations selon lesquelles les populations d'éléphants avaient chuté de 1,3 million en 1979 à 400 000 en 1989 dans toute l'Afrique, laissaient prévoir l'extinction de l'espèce en une décennie. Mais cinq pays du sud du continent affirment qu'ils ont tant d'éléphants qu'ils doivent en réduire le nombre (p. 61). Ils proposent un commerce contrôlé de l'ivoire et des peaux qui permettrait, affirment-ils, de financer les travaux de conservation. La plupart des trente autres pays africains s'y opposent fortement, craignant un retour du braconnage.

LES ÉLÉPHANTS ONT-ILS DU CHAGRIN ?
Durant les années 80, 70 à 100 000 éléphants ont été tués tous les ans pour leur ivoire, dont 94% par des braconniers. Leurs corps mutilés pourrissent sur place et les jeunes sont condamnés à mourir de faim.

Ivoire de contrebande peint en noir

TRUCS DE TRAFIQUANTS
Tant qu'il restera quelque part un commerce légal, l'ivoire braconné trouvera un marché. En 1991, un douanier ougandais perspicace repéra un homme d'affaires coréen qui rapportait en fraude chez lui, où la vente est encore autorisée, de l'ivoire peint en noir pour qu'on le prenne pour de l'ébène.

PIEDS DE NEZ AU COMMERCE ILLÉGAL
Le cuir d'éléphant a aussi de la valeur mais, en Afrique, les braconniers ne prélèvent que les défenses. En 1990, un trafic de peaux fut découvert en Asie, partant de Birmanie vers la Thaïlande, où elles étaient vendues aux touristes sous forme de chaussures et de ceintures. La découverte a mis fin au plus gros du trafic.

BRACONNIERS PRISONNIERS
Les trafiquants tentent les Africains pauvres en leur payant l'équivalent d'un an de salaire pour quelques jours de chasse. Récemment, de nombreuses patrouilles antibraconnage ont été mises en place en Afrique et les braconniers risquent la prison. Mais les riches commanditaires échappent souvent à la loi. Toutefois, depuis l'interdiction, les prix de l'ivoire ont chuté et le trafic est en déclin.

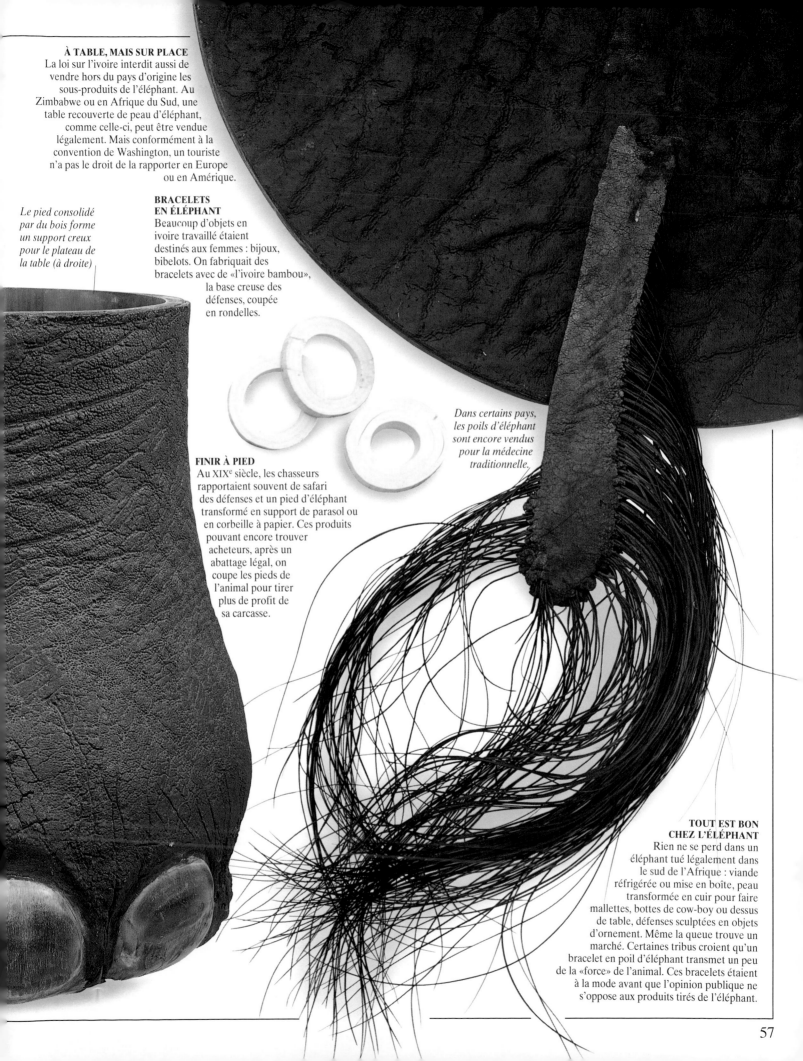

À TABLE, MAIS SUR PLACE
La loi sur l'ivoire interdit aussi de vendre hors du pays d'origine les sous-produits de l'éléphant. Au Zimbabwe ou en Afrique du Sud, une table recouverte de peau d'éléphant, comme celle-ci, peut être vendue légalement. Mais conformément à la convention de Washington, un touriste n'a pas le droit de la rapporter en Europe ou en Amérique.

Le pied consolidé par du bois forme un support creux pour le plateau de la table (à droite)

BRACELETS EN ÉLÉPHANT
Beaucoup d'objets en ivoire travaillé étaient destinés aux femmes : bijoux, bibelots. On fabriquait des bracelets avec de «l'ivoire bambou», la base creuse des défenses, coupée en rondelles.

FINIR À PIED
Au XIXe siècle, les chasseurs rapportaient souvent de safari des défenses et un pied d'éléphant transformé en support de parasol ou en corbeille à papier. Ces produits pouvant encore trouver acheteurs, après un abattage légal, on coupe les pieds de l'animal pour tirer plus de profit de sa carcasse.

Dans certains pays, les poils d'éléphant sont encore vendus pour la médecine traditionnelle.

TOUT EST BON CHEZ L'ÉLÉPHANT
Rien ne se perd dans un éléphant tué légalement dans le sud de l'Afrique : viande réfrigérée ou mise en boîte, peau transformée en cuir pour faire mallettes, bottes de cow-boy ou dessus de table, défenses sculptées en objets d'ornement. Même la queue trouve un marché. Certaines tribus croient qu'un bracelet en poil d'éléphant transmet un peu de la «force» de l'animal. Ces bracelets étaient à la mode avant que l'opinion publique ne s'oppose aux produits tirés de l'éléphant.

UN BON GRATTAGE
L'entretien de la peau est important. Une séance de grattage contre un rocher ou un tronc fait tomber la vieille couche de boue séchée, ainsi que les peaux mortes, les tiques et les sangsues.

UN JOUR DANS LA VIE D'UN ÉLÉPHANT

La vie des éléphants, qui évoque une promenade permanente, un repas sans fin en famille ou en groupe, apparaît enviable. Mais cette existence paisible et organisée ne se limite pas à cela : elle comporte aussi les moments de tension dans les rapports sociaux, l'élevage des jeunes, le voyage, la toilette, le bain de boue ou le repos. Il est rare de rencontrer des éléphants endormis, pourtant ils dorment quelques heures au petit matin, puis le jour pendant les grandes chaleurs, à l'ombre du premier arbre venu. En fait, seule la sécheresse et les hommes qui les chassent sont susceptibles de briser leur vie facile.

TROIS REPAS PRINCIPAUX
L'étude des cycles d'activité des éléphants en Ouganda a montré qu'ils ont trois périodes de repas principales : le matin, le soir et vers minuit. Ils choisissent la nourriture surtout par l'odorat et le toucher et peuvent ainsi manger la nuit, même sans lune.

RÉUNIONS DE CLANS
Certains récits d'explorateurs évoquent des rassemblements de milliers d'éléphants. Bien que ce phénomène appartienne désormais au passé, des troupeaux voisins se réunissent parfois pour quelques heures ou quelques jours, puis se séparent à nouveau sans que l'on sache pourquoi.

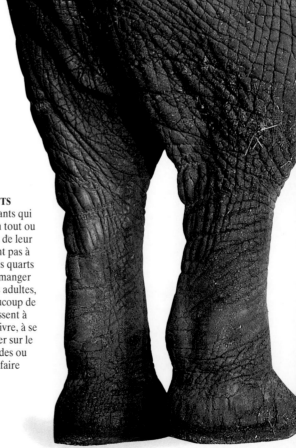

JEUNES INSOUCIANTS
Les jeunes éléphants qui se nourrissent, en tout ou en partie, du lait de leur mère et qui n'ont pas à consacrer les trois quarts de leur temps à manger comme le font les adultes, disposent de beaucoup de temps. Ils le passent à jouer, à se poursuivre, à se pousser, à grimper sur le dos des camarades ou simplement à faire les fous.

SIGNES DE STRESS
Dans la nature, le bain de poussière ne prend pas beaucoup de temps chaque jour. Dans les zoos, en revanche, sa durée excessive peut caractériser un comportement anormal, comme le balancement d'un côté et de l'autre et les hochements de tête fréquents; autant de signes de stress provoqué par l'ennui et un enclos inadapté.

TOUJOURS EN CONTACT
On sait que les mâles passent le plus clair de leur temps en solitaire. Mais la découverte de leurs appels infrasoniques à longue distance suggère que, même éloignés les uns des autres, ils font tous partie d'un réseau de communication permanent.

L'ŒIL SUR L'EAU
La vie des éléphants gravite surtout autour des différents points d'eau de leur territoire. Lorsqu'elle mène le troupeau sur une zone de pâture, la matriarche ne perd jamais de vue la distance qui la sépare du point d'eau le plus proche.

RELATIONS FAMILIALES
Les éléphants lient amitié et renforcent les liens familiaux en passant du temps ensemble tout près les uns des autres : ils se caressent de la trompe, se reniflent, se poussent. Les sons ont aussi leur importance. On a récemment découvert des appels infrasoniques (p. 35) spéciaux pour des significations particulières, certaines semblant même s'adresser à un individu précis.

ÉLÉPHANTS DU SOIR
Après une journée passée à manger, qu'y a-t-il de meilleur que de se désaltérer, surtout lorsque l'on vit dans les savanes arides du parc national d'Etosha, en Namibie. Seuls les milieux humides de la cuvette de l'Etosha permettent à tant d'éléphants et d'autres grands mammifères de survivre dans cet habitat semi-désertique.

LES MULTIPLES RÔLES DE L'ÉLÉPHANT

L'écologie est la science qui étudie l'ensemble des interactions reliant les espèces vivantes entre elles et à leur milieu naturel. Les écologistes considèrent l'éléphant comme une «espèce clé». Il tient dans l'environnement un rôle aussi déterminant que la clé de voûte dans l'équilibre des matériaux d'une arche : sa disparition entraînerait des bouleversements radicaux de l'environnement. En effet, de nombreuses espèces animales et végétales, tant en Asie qu'en Afrique, bénéficient de la présence des éléphants. Certaines ne pourraient même survive sans eux. Ainsi, protéger l'éléphant, c'est également sauvegarder des milieux entiers et préserver la diversité des espèces vivantes.

PROMONTOIRE MOBILE
Les hérons garde-bœufs se perchent sur l'éléphant et courent entre ses pattes pour attraper les insectes perturbés par son arrivée.

SOURCIERS DE LA SAVANE
Cet éléphanteau apprend à trouver de l'eau. Lorsque les rivières se vident en période de sécheresse, les éléphants creusent les lits à sec avec leurs défenses et leur trompe pour atteindre la nappe souterraine. Une fois que le trou est ouvert, de nombreux autres animaux en profitent.

CANTONNIERS DE LA FORÊT
Dans les régions de forêts denses ou de falaises escarpées, les passages habituels des éléphants sont aussi les chemins les plus faciles pour la plupart des animaux et pour l'homme. Certains de ces passages, goudronnés, sont devenus des routes. Mais peu de conducteurs ont conscience de ce qu'ils doivent aux éléphants.

BON APPÉTIT !
Les éléphants ont un système digestif assez inefficace si bien que certains animaux, comme ce babouin, trouvent dans leurs crottins des graines non digérées dont ils se nourrissent.

Les scarabées-bousiers, scarabées sacrés des anciens Egyptiens, abondent dans les crottins d'éléphant.

JARDINIERS BIENFAISANTS
Beaucoup de graines qui arrivent intactes dans l'intestin de l'éléphant finissent par germer lorsqu'elles ressortent dans le crottin. Déposées dans ce paquet de fumier, elles bénéficient de conditions idéales pour se développer.

Beaucoup d'animaux mangent les gousses d'acacia, mais les graines ne germent que si elles sont passées par l'intestin d'un éléphant ou d'une antilope. Quand elles sont mangées par un babouin, sa digestion les détruit.

Gousse d'acacia portant les graines

Graine d'acacia

Coléoptère scarabée du genre Heliocopris

ÉBOUEURS
Les crottins d'éléphants nourrissent des milliers de coléoptères, mouches, vers et autres créatures coprophages (qui se nourrissent des excréments), elles-mêmes constituant le repas des insectivores. La plupart des coprophages se contentent des excréments de n'importe quel herbivore, mais certains bousiers ne se nourrissent et ne se reproduisent que sur ceux des éléphants.

La plupart de ces graines et gousses n'ont pas de nom français. On ne cite souvent ici que le nom latin du genre auquel elles appartiennent.

Genre Entada

Genre Mucuna

Pentaclethra macrophylla

Genre Dioclea

Genre Spondias

Gousse de la famille des Bignoniacées

Genre Canavalia

Famille des Lecythidacées

Genre Arachis (arachide sauvage)

SEMEURS EN CÔTE-D'IVOIRE

On connaît mal l'écologie de la forêt vierge congo-guinéenne d'Afrique de l'Ouest, mais cet assortiment de graines peut contenir des espèces dépendantes de l'éléphant. Une étude dans le parc national de la forêt de Taï, en Côte-d'Ivoire, a révélé qu'environ un tiers des arbres dont le mode de dispersion des graines est connu est dispersé par les éléphants. Certains peuvent avoir une valeur économique ou servir à la fabrication de médicaments. La sauvegarde des forêts vierges implique donc la sauvegarde des éléphants.

Cette gousse du Congo mesure 83 cm de long.

Gousse de Pentaclethra macrophylla *enroulée en séchant*

Graine d'acacia

Dans le sud de l'Afrique, le nombre des éléphants est contrôlé par des tirs de limitation... qui détruisent légalement des troupeaux entiers.

DÉBOISEURS DE PARCS

En cassant les arbres pour manger les branches supérieures, l'éléphant aide les brouteurs plus petits qui ne sauraient les atteindre autrement. Mais quand trop d'éléphants s'entassent dans un petit parc, les arbres sont détruits plus vite qu'ils ne repoussent. Ce processus qui tend à transformer les boisements en prairies est considéré par certains comme néfaste.

ÉLIMINATEURS D'INSECTES

Les charançons pondent leurs œufs dans les gousses contenant les graines d'acacia, ces arbres aux formes plates typiques d'Afrique de l'Est. Lorsqu'un éléphant (ou une antilope) mange les gousses, les larves d'insectes sont digérées mais les graines ressortent intactes dans les excréments. Ainsi, il est fréquent de voir une pousse d'acacia émerger d'un tas de crottins d'éléphant, parfois à des kilomètres de l'arbre parent.

SAUVONS LES ÉLÉPHANTS

Pour sauvegarder les éléphants, il nous faut protéger les animaux eux-mêmes et leurs habitats. Préserver les uns sans les autres ne servirait à rien. L'homme et l'éléphant peuvent coexister si l'exploitation des milieux est compatible avec les besoins écologiques de l'animal. Des élevages mixtes de bétail et de gibier dans les savanes et des abattages sélectifs en forêt, où l'on ne prélèverait que quelques arbres de valeur économique, seraient des solutions tout à fait satisfaisantes au problème. Quant aux éléphants eux-mêmes, il faut que cessent définitivement les massacres. Depuis l'interdiction de 1989 (p. 56), le braconnage de l'ivoire a évidemment diminué, mais des rumeurs de réouverture du commerce en 1992 ont fait resurgir la menace. Chacun doit lutter en refusant d'acheter de l'ivoire et en protestant contre ce commerce.

Dans les parcs nationaux, les conducteurs doivent être prudents : les éléphants ont la priorité !

AVEC DES AUTOCOLLANTS
La campagne pour l'interdiction du commerce de l'ivoire a rencontré un soutien massif du public dans le monde entier. La campagne «Amnistie pour les éléphants» menée en Europe par la société nationale de Protection de la nature (S.N.P.N.) a abouti en 1989 à une interdiction totale du commerce de l'ivoire.

LE BON EXEMPLE
Le 18 juillet 1989, le président Moi du Kenya mettait le feu à un bûcher de 12 tonnes d'ivoire de braconnage. Il rejoignait ainsi l'appel lancé par la Tanzanie pour interdire le commerce, le Kenya ayant perdu 85 % de ses éléphants à cause des braconniers. La Zambie, Taïwan et l'Inde ont suivi l'exemple, mais des centaines de tonnes d'ivoire sont encore stockées dans le monde entier.

L'ÉLÉPHANT VIVANT, C'EST DE L'ARGENT !
Le tourisme de nature peut être un puissant moteur de protection. Il doit toutefois être contrôlé afin que les visiteurs ne détruisent pas les espèces et les milieux qu'ils viennent voir. Si une part des profits provenant du tourisme revient aux communautés locales, celles-ci se sentiront davantage concernées par la protection de la vie sauvage.

FORCES DE PROTECTION
La protection de la vie sauvage coûte cher en vies humaines et en argent. Les membres courageux des patrouilles antibraconnage risquent quotidiennement leur vie : ils se trouvent souvent pris dans des combats au fusil contre des braconniers munis d'armes automatiques provenant d'anciennes guerres civiles ou d'armées dispersées. Refuser d'acheter de l'ivoire, c'est aussi épargner des vies humaines.

Les scientifiques étudient les mouvements des éléphants en leur fixant des colliers radio-émetteurs.

ÉLÉPHANTS À LA TRACE
Les parcs nationaux sont signalés sur les cartes dans des zones de faible occupation humaine. Mais des problèmes surgissent si leurs frontières coupent les voies de migration des animaux. En fixant des colliers radio sur des éléphants, on parvient à déterminer leurs itinéraires pour modifier les limites d'un parc ou créer des «couloirs» qui relieront les parcs entre eux.

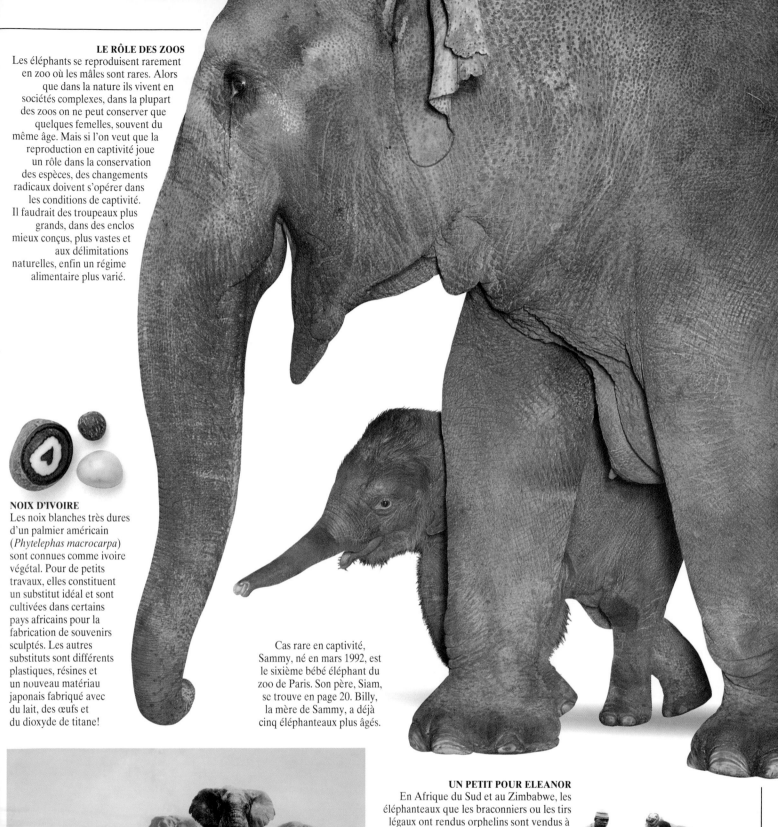

LE RÔLE DES ZOOS
Les éléphants se reproduisent rarement en zoo où les mâles sont rares. Alors que dans la nature ils vivent en sociétés complexes, dans la plupart des zoos on ne peut conserver que quelques femelles, souvent du même âge. Mais si l'on veut que la reproduction en captivité joue un rôle dans la conservation des espèces, des changements radicaux doivent s'opérer dans les conditions de captivité. Il faudrait des troupeaux plus grands, dans des enclos mieux conçus, plus vastes et aux délimitations naturelles, enfin un régime alimentaire plus varié.

NOIX D'IVOIRE
Les noix blanches très dures d'un palmier américain (*Phytelephas macrocarpa*) sont connues comme ivoire végétal. Pour de petits travaux, elles constituent un substitut idéal et sont cultivées dans certains pays africains pour la fabrication de souvenirs sculptés. Les autres substituts sont différents plastiques, résines et un nouveau matériau japonais fabriqué avec du lait, des œufs et du dioxyde de titane!

Cas rare en captivité, Sammy, né en mars 1992, est le sixième bébé éléphant du zoo de Paris. Son père, Siam, se trouve en page 20. Billy, la mère de Sammy, a déjà cinq éléphanteaux plus âgés.

UN PETIT POUR ELEANOR
En Afrique du Sud et au Zimbabwe, les éléphanteaux que les braconniers ou les tirs légaux ont rendus orphelins sont vendus à des zoos ou des parcs à safaris. Ce jeune, lui, va être récupéré par une équipe de Kenyans qui le confieront à la femelle Eleanor (p.40). Elle le réintroduira parmi les éléphants du parc national de Tsavo, au Kenya.

LE TABLEAU À UN MILLION DE LIVRES
Dans le monde entier on organise des manifestations dont les recettes sont destinées à la protection rôles éléphants. L'artiste David Shepherd a déjà collecté avec la vente des reproductions de son œuvre, intitulée «L'ivoire leur appartient», les deux tiers du million de livres qu'il s'est fixé.

INDEX

NOTES

Dorling Kindersley tient à remercier :
Les gardiens d'éléphants des parcs de Howlett, Port Lympne Wildlife, Whipsnade Wild Animal, et de Paris. J. Pickering de Oxford University Museum; Palmer et R. M. Owens du National Museum of Wales; Elephant Interest Group, et J. Shoshani pour le texte (pp. 8-9, 10-11, 14-15) et les références (p. 19); A. Leiman; Evison de la Bodleian Library; J.Buckley pour ses photographies; H. Spiteri et J. Parker pour leur collaboration éditoriale.

ICONOGRAPHIE

h = haut, b = bas, c = centre, g = gauche, d = droite

Bridgeman Art Library/ Albertina Graphic Col., Vienne : 53hg; B. N., Paris : 52hd; Anthony Crane Collection : 50cg; National Library d'Écosse : 47cga; Private Col. : 27cgb; Victoria & Albert Museum : 21cg, 47bc; Bodleian Library, Oxford : 46bd, 48cda; Camera Press : 47bg; M. Amin : 56bg; D. Anthony : 17bg; H. Miller : 41cg; B.G. Silberstein : 45bg; Chester Zoo : 39b, 51bd; B. Coleman Ltd : 26b; J. et D. Bartlett : 59hg, 59bd; J. Burton : 18hd; A. Compost : 24hd, 25cla, 28cga; G. Cubitt : 25cda, 27b, 62hd; P. Davey : 28bg, 32c; A.J. Deane : 56cgb; J. Foott : 33hg; M. Freeman : 28hg, 58hg; G. Hessler : 13hg; M.P. Kahl : 17cga; F. Lanting : 13bg; L. Lee Rue : 31cda; Dr. N. Myers : 39cga; D. & M. Plage : 28cd, 31bg, 36bg, 45cdb; E. Pott : 52hg; P. Price : 13cd; S. Trevor : 7hg; G. Ziesler : 37bg; C. Zuber : 37bd, 38cda; Amnistie pour les éléphants/ The East African Wildlife Society, Japon/Elefriends/ Humane Society of USA : 62hg; Environmental Picture Library/ R. Hadley : 62bg; FLPA/F.; Hartmann : 29bg, 60hg, 60cga, 60cb, 62c; F.W. Lane : 13bd; L. Lee Rue : 27hg; P. Perry : 17bc, 27cd; R. Prickett : 42cd; M.B. Withers : 21ca; R. Harding Picture Library : 7b, 33b, 51cda; M. Holford : 49bg; British Museum : 54hg, 54bg; Victoria & Albert Museum : 33hd, 54bd, 55cg; Hutchison Library : 48bd; John Hatt : 6hd; Images Colour Library : 49cg; Imperial War Museum, Londres : 47cda; Jacana : 7hd; Images of Africa/ D. Keith Jones : 40bg, 40bd; C. Signorini Jones : 39cd; Kobal Col./MGM : 51hg; Roger Lee : 55hg; M.E.P.L : 7cd, 26hg, 32hg, 47bd, 48hg, 50hd, 54c; Mansell Col. : 55hd; Musée Nationale d'Histoire Naturelle, Paris : 10cg; Nature Photographers /H. Van Lawick : 35bg; Natural History Museum : 9c, 9cd, 10bc; NHPA/ A. Bannister : 32bg, 58c, 61bd; M. Danegger : 22hg; K. Ghani : 45bd; P. Johnson : 31bd; J. Shaw : 13hd, 32bd; K. Switak : 60bg; Robert Opie Col. : 40hg; OSF : 43hg; R. Ben Shahar : 45cd, 56hg; M.J. Coe : 62bd; M. Colbeck : 30c, 30cbd, 33c, 40c, 58bg, 59hd; J. Foott : 12bg; G. Thompson : 25hg; E. Sadd : 42cg; Planet Earth Pictures/S.T. Avery : 42bg; I. Douglas-Hamilton : 41bg; J. Downer : 21hd; J. Scott : 41bd; I. Redmond : 18bd, 18bc, 18cd, 19hcg, 21cd, 23bd, 25bd, 27hd, 29hd, 30bg, 35cg, 39cc, 41cd, 43cd, 43cgb, 56cg, 58cg, 59cdb, 60cd, 60cgb, 62cd, 63bd; Rhodes House Library, Oxford : 21hg ; The Royal Armouries, Londres : 46bg; A. Sutcliffe : 43hd; D. Shepherd Conservation Foundation/WWF UK : 63bg; Survival Anglia/B. Davidson : 31hg; Victoria & Albert Museum : 45hd; Ill. de Winnie l'Ourson © E.H. Shepard d'après la convention de Berne, Etats-Unis © 1926 par E.P. Dutton & Co Inc, reprise en 1954 par A.A. Milne, colorée en © 1973 par E.H. Shepard et Methuen Children's Books Ltd : 51hd; Zoo Atlanta : 41hg

Illustrations :
J. Cameron, Elefriends, 162 Boundaries Road, London SW12 8HG; D. Shepherd Conservation Foundation, PO BOX 123, Godalming, Surrey GU8 4JS